Akhenaton Izu

Les effets de la TVA sur le patrimoine des ménages congolais

Akhenaton Izu

Les effets de la TVA sur le patrimoine des ménages congolais

Éditions universitaires européennes

Impressum / Mentions légales
Bibliografische Information der Deutschen Nationalbibliothek: Die Deutsche Nationalbibliothek verzeichnet diese Publikation in der Deutschen Nationalbibliografie; detaillierte bibliografische Daten sind im Internet über http://dnb.d-nb.de abrufbar.

Information bibliographique publiée par la Deutsche Nationalbibliothek: La Deutsche Nationalbibliothek inscrit cette publication à la Deutsche Nationalbibliografie; des données bibliographiques détaillées sont disponibles sur internet à l'adresse http://dnb.d-nb.de.

Coverbild / Photo de couverture: www.ingimage.com

Verlag / Editeur:
Éditions universitaires européennes
ist ein Imprint der / est une marque déposée de
OmniScriptum GmbH & Co. KG
Heinrich-Böcking-Str. 6-8, 66121 Saarbrücken, Deutschland / Allemagne
Email: info@editions-ue.com

Herstellung: siehe letzte Seite /
Impression: voir la dernière page
ISBN: 978-3-8416-6448-8

1

AVANT-PROPOS

Au terme de ce travail pénible et de grande envergure, nous remercions d'abord l'Eternel notre Dieu pour sa grâce, sa protection et son assistance pendant l'élaboration de ce travail.

Nos remerciements s'adressent ensuite à Monsieur le Professeur Mabi Mulumba Evariste et à Monsieur le Chef de travaux Muya Ntumba Clément, pour avoir dirigé et codirigé cette étude avec patience, rigueur et compétence. Qu'ils trouvent en ce travail l'expression de notre gratitude.

Notre gratitude va également à l'endroit de l'Assistant Dickens Liwono dont la contribution dans la réalisation de ce travail est très considérable.

Nos remerciements s'adressent au Professeur Nsuami Ngoma, au Professeur Nkwembe Unsital, au Professeur Nkoo Mabantula, au Docteur Bolito Losembe, à l'Assistant Dominique Mbola, à l'Assistant Bienaymé Koto Pukumina,à l'Assistant Eric Yemweni.

Nous remercions également Monsieur Makiadi et Maman Denise Kasalu, tous de la DGI, pour leur contribution dans l'élaboration de ce travail.

A tous ceux qui de près ou de loin ont contribué à la réalisation de ce travail, nous disons grand merci.

2

INTRODUCTION

I. PROBLEMATIQUE

La République Démocratique du Congo fait face à plusieurs fléaux qu'il convient d'endiguer et ces derniers maintiennent notre pays parmi les moins avancés du monde. Il s'agit notamment de la situation sanitaire alarmante en raison d'un important déficit nutritionnel et d'un accès difficile à l'eau potable, « de la pauvreté généralisée atteignant 70.5% de la population, du chômage touchant plus de 70% des jeunes, du faible taux de fréquentation de l'école secondaire soit de 32%, de l'insécurité alimentaire qui touche plus de 75% de la population»[1],du manque d'infrastructures nécessaires au développement des activités économiques et industrielles, de l'inflation due au financement par la création monétaire du déficit budgétaire, etc.

Pour endiguer tous ces fléaux, le gouvernement congolais doit investir beaucoup d'argent dans presque tous les secteurs dont l'éducation, la santé, les infrastructures, l'agriculture, etc. et le moyen idoine qui lui permettra de couvrir toutes ces dépenses, c'est *la fiscalité* c'est-à-dire. Les impôts et taxes.

La fiscalité est un levier important du développement d'un pays parce que non seulement qu'elle fournit les ressources nécessaires pour financer les objectifs du développement et la réduction de la pauvreté mais elle constitue aussi un des éléments importants qui crée l'environnement légal dans lequel doit évoluer les activités économiques (production, consommation, échange, investissement). L'argument de base est qu'un accroissement des recettes publiques s'avère indispensable pour produire des biens et services publics (infrastructures, police, défense, justice, etc.), pour éradiquer la pauvreté et enfin pour améliorer les conditions de vie de la population.

---

[1] (Perspectives économiques en Afrique 2012, Rép. Dém. Congo, BAD, OCDE-NEPAD) ;

Dans les Pays en Développement(PED), la répartition inégale des revenus et la prépondérance de l'économie informelle sont telles qu'il est plus facile de générer les recettes fiscales en taxant les transactions de biens et services qu'en taxant le revenu. En plus de cela, les impôts indirects sont prélevés sur la consommation et leur perception s'effectue tout au long de l'année alors que les impôts directs sont perçus à des intervalles réguliers (mensuel, trimestriel, annuel). Ce qui revient à dire que dans les pays en développement, la fiscalité indirecte fournit plus de ressources que la fiscalité directe. Les études menées sur terrain ont montré que dans les PED en général et en Afrique en particulier, les taxes indirectes fournissent plus de 70% des recettes de l'Etat[2].

C'est aussi le cas pour la RDC où la majorité des recettes proviennent des taxes indirectes (impôts sur la consommation, droits de douane, droits d'accise).

Dans les pays en développement, parmi tous les impôts indirects, c'est la taxe sur la valeur(T.V.A) qui procure plus de ressources. En effet, dans ces pays, le Fonds Monétaire International(F.M.I) et la Banque Mondiale, par l'entremise des programmes d'ajustements structurels (P.A.S en sigle), ont impulsé l'insertion de la T.V.A en remplacement des impôts sur les chiffres d'affaires. Pour eux, la T.V.A est un impôt propice à supprimer les « effets en cascade » des impôts sur les chiffres d'affaires et à accroitre les recettes des pouvoirs publics. C'est dans ce cadre que la République Démocratique du Congo, un pays sous le programme d'ajustement structurel, a inséré la taxe sur la valeur ajoutée dans son système fiscal le 1er janvier 2012. La T.V.A est donc un impôt qui a pour avantages la neutralité et le rendement.

Du point de vue de l'Etat ; la T.V.A est généralement considérée comme un impôt « efficace » et « productif » dans le sens où elle prélève des recettes fiscales importantes de manière relativement invisible pour le contribuable. Mais la tendance est inverse pour ce qui est du contribuable.

---

[2] (Jean François GAUTIER, taxation optimale et reformes fiscales dans les PED, Février 2001).

Malgré toutes les vertus attachées à la T.V.A ; nous constatons qu'elle est à l'origine des inégalités sociales et de l'appauvrissement de la population. En effet, non seulement que la T.V.A augmente les prix des biens et services et amenuise le pouvoir d'achat des ménages mais elle entraine aussi les effets régressifs.

Dans les faits, les personnes pauvres consomment presque la totalité de leurs revenus alors que les riches en épargnent une grande partie, ce qui fait que :

Proportionnellement à leurs revenus, ce sont les plus pauvres qui sont les plus taxés. Or en République Démocratique du Congo, l'écrasante majorité de la population vit dans la pauvreté et donc l'insertion de la T.V.A enfonce encore la population congolaise dans la pauvreté profonde.

Eu égard à ce qui précède, une question principale mérite d'être posée : **quel est l'effet de la TVA sur les ménages de la RDC ?** Et de cette question principale découle deux questions spécifiques :

- La TVA introduite en RDC n'a-t-elle pas contribué à amenuiser davantage le pouvoir d'achat de la population congolaise?
- Comparant les recettes rapportées et l'amenuisement causé par la TVA en plus des inégalités sociales, pouvons-nous affirmer que cette dernière a amélioré ou détérioré la situation économique de le RDC ?

II. OBJECTIFS

L'objectif général de cette étude est de permettre aux dirigeants d'améliorer la structure fiscale de la RDC c'est-à-dire permettre à l'Etat congolais d'encaisser plus d'argent tout en affectant que légèrement le patrimoine des ménages. A cet objectif général, sont rattachés deux objectifs spécifiques articulés comme suit :

1. Comprendre l'amenuisement du pouvoir d'achat et les injustices sociales causés par la TVA dans le patrimoine des ménages ;
2. Comparer l'importance des ressources mobilisées par la TVA et l'amenuisement du pouvoir d'achat qu'elle a causé afin de proposer aux autorités compétentes les solutions susceptibles d'améliorer la situation des ménages.

III. HYPOTHESES

Une hypothèse s'avère une réponse anticipée à une question qui est posée. Ce faisant, notre étude a conduit à la formulation des hypothèses que voici :

1. La TVA a amenuisé davantage le pouvoir d'achat des ménages de la RDC en augmentant les prix des biens et services,
2. La TVA a apporté plus de recettes qu'elle n'a amenuisé le pouvoir d'achat des ménages et pour améliorer le pouvoir d'achat des ménages et par ricochet la situation économique de la RDC, il faut la maintenir tout en diminuant le taux d'imposition pour les biens de première nécessité.

IV. CHOIX ET INTERET DU SUJET

La TVA est une question de brulante actualité qui est à l'origine de beaucoup de confusions et de mystification. Ceci étant, le présent travail a un intérêt évident qui est à la fois théorique et pratique :

> Sur le plan théorique, cette étude permettra au lecteur d'avoir une vision plus large et plus détaillée sur la TVA et ses effets sur l'économie de la RDC,

> Sur le plan pratique, cette étude aidera les décideurs politiques de prendre des mesures adéquates pour améliorer la structure fiscale de la RDC.

V. DELIMITATION DU SUJET

Notre souhait est celui d'analyser les effets de la TVA sur le budget des ménages de toute la RDC mais compte tenu de nos moyens financiers et temporels, nous avons délimité notre étude dans le temps et dans l'espace.

Le temps requis pour observer un phénomène est généralement de 5 ans ou 10 ans mais comme la TVA est d'application depuis le 1er janvier 2012, nous n'avons pris qu'une période d'un an et demi, soit de janvier 2012 à juin 2013, mais nous avons utilisé les données mensuelles. Dans l'espace, ce travail s'est limité à étudier le comportement des ménages de la République Démocratique du Congo.

VI. METHODOLOGIE DU TRAVAIL

Tout travail scientifique doit être élaboré selon une certaine approche méthodologique. Pour George Burdeau : « la méthode désigne d'une façon générale les voies d'accès à la connaissance indépendamment de tout souci de les articuler en un processus intellectuel logique».

Dans le cadre de ce travail, la méthode déductive nous a aidé particulièrement à déduire les effets de la TVA à partir de l'indice des prix à la consommation calculé par la Banque Centrale de la RDC durant la période considérée.

Quant aux techniques, nous avons utilisé la technique documentaire. En effet, la technique documentaire nous permettra de nous servir des idées des autres pour mieux analyser les effets de la TVA sur l'économie et sur les ménages.

VII. CANEVAS DU TRAVAIL

Outre l'introduction, la bibliographie et la conclusion, ce travail comporte trois chapitres articulés comme suit :

CHAPITRE 1 : GENERALITES SUR LA FISCALITE

CHAPITRE 2 : ETUDE DE LA TVA ET SON APPLICATION EN RDC

CHAPITRE 3 : EFFETS DE LA TVA SUR LES MENAGES DE LEMBA

CHAPITRE I : GENERALITES SUR LA FISCALITE

SECTION 1 : Définition des concepts-clés

1.1.1 Fiscalité

Selon le professeur Jean-Bosco NSUAMI, la fiscalité vient de l'adjectif fiscal qui dérive du latin « fiscus » qui signifie corbeille.[3]

« La fiscalité est un domaine qui regroupe les impôts, les droits et taxes divers et les règles qui les régissent. Elle se compose de la fiscalité de porte régie par le code des douanes et de la fiscalité intérieure régie par le code des impôts. Son rôle est de permettre à l'Etat de couvrir les dépenses d'intérêt général par des prélèvements obligatoires sur les biens ou sur les revenus des personnes physiques et morales »[3]. Comme la fiscalité est composée des impôts et taxes, nous allons les analyser en profondeur.

1.1.2 Impôts et taxes
1.1.2.1 Impôts[4]

L'impôt est la principale ressource fiscale. Il est la principale source de revenu dans un Etat.

a. Définition

Plusieurs définitions ont été proposées mais la définition la plus célèbre est celle proposée par Gaston JEZE selon laquelle :

« L'impôt est une prestation pécuniaire, requise des particuliers par voie d'autorité à titre définitif et sans contrepartie, en vue de la couverture des charges publiques».

---

[3] Jean Bosco NSUAMI, notes de cours de finances publiques, FASEG, UNIKIN, 2012

[4] Christine EYEBIYI, La mise en œuvre d'une fiscalité de développement dans P.M.A en vue de son émergence, CIPB, Cotonou 2007

b. Caractéristiques de l'impôt

Quelques traits caractéristiques permettent de reconnaître un impôt :

- Il est une prestation pécuniaire, un paiement en argent, distincte des autres prestations en nature qui peuvent être aussi exigées des citoyens ;

- Il est payé d'après la capacité contributive, en d'autres termes, des moyens dont dispose les contribuables et les charges supportées par eux ;

- Il est payé par voie d'autorité au moyen du pouvoir de contrainte exercé par le pouvoir public ;

- Il a un caractère définitif : l'argent de l'impôt n'est jamais restitué à l'exception des cas de double imposition ou d'erreur matérielle ;

- Il est payé sans contrepartie déterminée : il n'y a aucune proportion ou relation directe entre l'impôt payé par le contribuable et les avantages qu'il recevra de l'Etat (sécurité, santé -publique ....);

c. Conception de l'impôt

L'évolution de la conception de l'impôt est liée à celle de l'Etat :

➢ Selon les classiques, l'impôt n'est rien qu'un instrument qui facilite la couverture des charges publiques.

Cette conception correspond à un Etat gendarme dont les interventions dans l'économie sont nuisibles.

➢ Selon les modernes, l'impôt est un instrument qui facilite l'interventionnisme de l'Etat dans l'économie.

L'Etat sous taxe les activités qu'il désire encourager et surtaxe les activités qu'il désire décourager. Cette conception correspond à un Etat interventionniste.

d. Les fonctions de l'impôt

L'impôt a 3 types de fonctions essentielles : une fonction financière, une fonction économique et une fonction sociale.

➤ La fonction financière : l'impôt sert dans ce cas d'instrument de mobilisation des ressources financières nécessaires à la couverture des dépenses des administrations publiques. C'est ce qui justifie la part encore plus élevée des recettes fiscales dans les ressources budgétaires de plusieurs pays.

➤ La fonction économique : cette fonction s'est développée par le passage de l'Etat-gendarme à l'Etat-providence. Aujourd'hui, l'Etat assure une fonction de stabilisation ou mieux de régulation de l'économie qui sert à lutter contre les déséquilibres macroéconomiques (sous-emploi, stagnation de l'activité économique ; etc.)

➤ La fonction sociale : le rôle social de l'impôt exige qu'il soit tenu en compte la capacité contributive de chaque citoyen en amont et qu'en aval l'Etat puisse procéder à la redistribution des ressources à l'endroit des individus démunis à travers les bourses, les allocations familiales, les aides sociales, etc.

e. Classification

Selon le critère de budget bénéficiaire du produit de l'impôt, on distingue les impôts d'Etat qui alimentent le budget général de l'Etat et les impôts locaux qui alimentent les budgets des collectivités territoriales.

Quant au critère de la personne qui supporte la charge publique, on distingue les impôts directs et les impôts indirects. Selon l'origine de la richesse, l'on a l'impôt sur le capital, l'impôt sur le revenu et l'impôt sur la dépense ou la consommation.[5]

f. Critères d'un bon impôt[4]

Un bon impôt doit répondre aux critères de productivité, de justice et de fonctionnalité.

- Productivité

Un impôt est productif lorsqu'il procure à l'Etat des ressources nécessaires à la couverture de ses dépenses au moindre coût.

- Justice fiscale

Ce critère stipule que les charges fiscales doivent être équitablement réparties entre tous ceux qui détiennent un revenu.

- Fonctionnalité

L'impôt doit répondre aux exigences de la stabilité économique et surtout celles du développement et de croissance économique.

g. Les éléments constitutifs de l'impôt

L'impôt est composé de plusieurs éléments que voici :

i.   La matière imposable

La matière imposable est ce sur quoi repose l'impôt.

C'est le champ d'application de l'impôt. Par exemple, pour l'impôt sur le revenu des personnes physiques(IRPP), c'est le revenu gagné par les travailleurs à la fin de chaque mois.

ii.   La base imposable (l'assiette)

C'est le montant net sur lequel on applique le taux pour calculer l'impôt.

---

[5] Jean Bosco NSUAMI, idem p.21-22

iii. Le taux

C'est en quelque sorte le tarif d'imposition.

iv. Le fait générateur

C'est l'évènement qui donne naissance à l'impôt. Par exemple, pour l'impôt sur le bénéfice et profit, c'est la clôture de l'exercice fiscal au 31 mars.

v. Le redevable de l'impôt

Dans la technique fiscale, le terme redevable est scindé en deux :

- Le redevable réel qui supporte finalement la charge de l'impôt. Il est encore qualifié de contribuable. Par exemple, dans le cas de la TVA c'est le consommateur final qui est le redevable réel.
- Le redevable légal : c'est celui que la loi a désigné pour payer l'impôt au trésor.

1.1.2.2. Taxe[6]

Ce mot est employé dans 3 sens différents :

➢ Dans un premier sens, il est synonyme de l'impôt. C'est le cas de la taxe sur la valeur ajoutée.
➢ Dans un deuxième sens, la taxe est le prix payé par l'usager d'un service public non industriel, en contrepartie des avantages retirés de ce dernier.

➢ Dans un troisième sens enfin, la taxe administrative est une rémunération en faveur d'une personne morale publique pour un service rendu par elle. Cette dernière notion correspond à la parafiscalité.

---

[6] BAKANDEJA WA MPUNGU, *Les Finances Publiques*, éd. Afrique Larcie, Paris ,2006

SECTION 2 : FISCALITE

1.2.1. Fiscalité directe

La fiscalité directe est un domaine qui rassemble les impôts directs.

1.2.1.1. *Les impôts directs*

Un impôt direct est celui qui frappe le revenu et le capital du seul fait de leur existence. Par conséquent, il est payé et supporté par une même personne. Les impôts directs se subdivisent en impôts réels et en impôts cédulaires sur les revenus.

a. Les impôts réels

L'impôt réel est un impôt qui frappe les biens et services du seul fait de leur existence et qu'ils sont sources de revenus sans considération de la personne qui le supporte. L'impôt réel comprend donc trois impôts distincts, à savoir, l'impôt foncier ou impôt sur la superficie des propriétés foncières bâties et non bâties, l'impôt sur le véhicule ou vignette, l'impôt sur la superficie des concessions minières et d'hydrocarbures.

b. Les impôts sur les revenus

Dans cette catégorie, on trouve plusieurs autres impôts à l'instar de : l'impôt sur le revenu locatif, l'impôt sur les revenus mobiliers ou impôt mobilier, l'impôt sur les revenus professionnels.

1.2.1.2. Fiscalité directe en RDC

La fiscalité directe en RDC est composée des impôts réels et des impôts sur les revenus dont voici la teneur :

1.2.1.2.1.Les impôts réels

a. l'impôt sur le véhicule ou vignette

Cet impôt s'applique aux motocycles, véhicules automobiles, bateaux, embarcations à propulsion mécanique, baleinières, barges et autres embarcations (remorques).

Il est dû par les personnes physiques ou morales propriétaires d'un ou plusieurs véhicules. L'impôt sur les véhicules est payable annuellement.

L'impôt sur les véhicules est fonction de :

- La puissance du véhicule ;
- La qualité de la personne qui possède le véhicule en question ;
- La destination (l'usage) faite au véhicule (les ambulances, dépanneuses et machines-outils sont généralement exonérées de l'impôt).

Le redevable de l'impôt sur les véhicules souscrit une déclaration par véhicule préalablement à sa mise en usage, en contrepartie de quoi il lui est délivré un certificat d'immatriculation.

b. L'impôt sur la superficie des concessions minières et hydrocarbures[7]

Tout détenteur d'une concession pétrolière ou d'un titre minier, soit d'exploitation, soit d'exploration, doit payer l'impôt sur la superficie des concessions minières et d'hydrocarbures.

Par ailleurs, ce paiement fait l'objet d'une déclaration spécifique, effectuée au plus tard le 1er février, pour les concessions détenues au 1er janvier.

c. l'impôt foncier

L'impôt foncier frappe la jouissance d'un bien immobilier ou sa propriété. C'est donc un impôt sur la propriété immobilière qui ne doit pas être confondu avec l'impôt sur le revenu locatif qui est assis sur le revenu immobilier.

A. Matières imposables et base de l'impôt

---

[7] FIDAFRICA, Guide *fiscal pratique en RDC, 2007*

La matière imposable est l'élément économique dans lequel l'impôt prend sa source directement ou indirectement. Cet élément peut être un bien, un revenu, une transaction, un service ou une personne.

Dans le cas d'espèce, la matière imposable est un bien immeuble, par nature (le sol) ou par incorporation au sol (une construction).

L'impôt foncier est donc assis sur les propriétés foncières bâties (les constructions) et les propriétés foncières non bâties (les parcelles de terre). Il sied de noter que l'expression « propriétés foncières » est incorrecte par ce que la loi foncière dispose en son article 53 : «le sol est la propriété exclusive, inaliénable et imprescriptible de l'Etat». L'Etat est donc l'unique propriétaire foncier.

Les personnes physiques ou morales ne peuvent avoir qu'un droit réel de jouissance sur le sol appartenant à l'Etat appelé « concession » et ne sont propriétaires que des constructions réalisées.

B. Personnes imposables, exemptions et exonérations

1. Personnes imposables

L'impôt foncier est dû par les personnes physiques ou morales titulaires de droit de propriété ainsi que par des personnes occupant, en vertu d'un contrat de bail, des biens immobiliers faisant partie soit du domaine privé de l'Etat soit du patrimoine d'une circonscription administrative.

2. Exemptions et exonérations

a) *Exemption*

Sont exemptées de l'impôt foncier

1° Les propriétés appartenant :

- A l'Etat, aux provinces, aux villes, aux communes, aux circonscriptions administratives ainsi qu'aux offices et autres

établissements publics de droit congolais n'ayant d'autres ressources que celles provenant de subventions budgétaires ;
- Aux institutions religieuses ou philanthropiques ;
- Aux associations sans but lucratif;
- Aux Etats étrangers et affectés exclusivement à l'usage des bureaux d'ambassades ou des consulats, ou au logement d'agent ayant le statut d'agent diplomatiques ou consulaires. Cette exemption n'est consentie que sous réserve de réciprocité ;
- Aux personnes physiques dont les revenus nets imposables annuels sont égaux ou inférieur au plafond de la huitième tranche de revenus du barème d'imposition des personnes physiques.

2° Les immeubles affectés à l'habitation principale des personnes qui au 1er Janvier de l'année d'imposition sont âgées de plus de 55 ans et les veuves, à condition :
- Qu'elles occupent ces habitations principales soient seules, soient avec des personnes considérées comme à leur charge, descendants ou ascendant, soit avec toutes autres personnes de mêmes conditions d'âge ou de situation ;
- Que leurs revenus imposables à l'impôt cédulaire sur les revenus soient égaux ou inférieur au plafond de la huitième tranche du barème d'imposition des personnes physiques (soit 1.686.000 FC comme expliqué ci-dessus) ;
- Qu'elles souscrivent une déclaration énonçant tous les éléments imposables exemptés.

b) Exonérations

L'impôt foncier n'est pas établi sur les terrains et les propriétés bâties qu'un propriétaire, ne poursuivant aucun but de lucre, aura affecté :

- A l'exercice du culte public, à l'enseignement, à la recherche scientifique à l'installation des hôpitaux, des hospices, des cliniques, de dispensaires,...
- A l'activité normale des chambres de commerce

- A l'activité sociale des sociétés mutualistes

Des exonérations de l'impôt foncier peuvent être accordées en vertu des dispositions du Code des investissements ou par des conventions spéciales.

C. Taux de l'impôt

Les taux de l'impôt foncier sont fixés en fonction du rang de localité.

1. Classements des localités[8]

Conformément à la loi, c'est le Ministère des Finances qui détermine par arrêté, en fonction de l'évolution socio-économique les différentes localités.

Fixé par l'Arrêté Départemental n°049 du 28 octobre 1987 et modifié par l'Arrêté Ministériel n°019 du 8 octobre 1997), le classement des localités est fixé comme suit :

I.   LOCALITES DITES DE PREMIER RANG

A) Ville de Kinshasa

- Commune de la Gombe: tous les quartiers ;

-Commune de Limete: tous les quartiers, à l'exclusion des quartiers Mombele, Mososo, Salongo et Kingabwa village ;

- Commune de Ngaliema : Les Quartiers Ma-Campagne, I.P.N., Binza Pigeon, Monts Fleuris, avenue des Ecuries, Quartier Mampenza, Quartier Golf, Quartier Mimoza, Quartier Utexafrica, Quartier G.B. et Baramoto, Quartier Chanic et environs ;

- Commune de Barumbu: Quartier Bon-Marché (de l'avenue de l'aérodrome jusqu'au pont Bitshaku Tshaku) ;

- Commune de Lemba : Quartier Gombele ;

B) Autres Provinces

- Bas-Congo : Matadi : - Quartier Soyo (Ville haute), Centre commercial (Ville basse) ;

---

[8] *Code des Impôts en RDC, mis à jour au 30 septembre* 2003.

- Katanga: Lubumbashi: Commune de Lubumbashi ;
- Sud-Kivu: Bukavu : Commune d'Ibanda ;
- Nord-kivu : Goma: - Centre commercial et résidentiel, Quartier Himbi ;
- Kasai-Oriental : Mbuji-Mayi : Quartier Miba ;
- Province Orientale : KISANGANI : - Commune de Makiso, Quartier Industriel Tshopo, Quartier Mangobo.
C) Les Aéroports internationaux et les Ports maritimes.

II. LOCALITES DITES DE DEUXIEME RANG

A) Ville de Kinshasa:
- Commune de Matete: Quartier des Marais ;
- Commune de Lingwala: Quartier Boyata, Quartier Golf ;
- Commune de Lemba: Camp riche, Cité Salongo ;
- Commune de Limete: Quartier Salongo ;
- Commune de Selembao : - Cité verte, Quartier Ngafani I (500 m de la grande route à partir de l'avenue de l'Ecole, jonction avec l'avenue Lilas), Quartier Ngafani II (500 m de la grande route à partir de Fwakin jusqu'à l'entrée Habitat), Quartier Ngafani III (500 m de la grande route à partir de Habitat jusqu'au début Cité verte) ;
- Commune de Mont-Ngafula : - Cité Maman Mobutu, Quartier Mama Yemo, (1,50 km de la grande route depuis le triangle jusqu'au Domaine Liyolo), Quartier Munongo (300 m de la grande route), Quartier Masanga Mbila (1,50 km de la grande route depuis le domaine Liyolo jusqu'à l'avenue des Ecologistes) ;
- Commune de Kintambo : Quartier Jamaïque et Centre commercial.
B. Autres Provinces
- Bas-Congo : Matadi: Commune de Matadi ;
- Province Orientale :- Bunia : Centre commercial,
                       - Isiro: Quartier Raquette ;
- Nord-kivu :- Goma ;
              -Butembo : Centre commercial, Quartier M.G.L.,
              - Beni: Centre commercial, Quartier Boeken ;
- Equateur: - Gbadolite: Centre commercial,
            - Mbandaka: Centre Ville ;
- Katanga: - Lubumbashi I : Commune de Kapemba,

- Likasi : Centre Ville,
- Kolwezi: Centre Ville ;
- Bandundu : Kikwit : Commune de Kikwit (Plateau et Ville Basse) ;
- Kasai-occidental : Kananga: - Quartier Kananga II, Quartier Industriel, Centre Ville.
C. LES Ports fluviaux de Kinshasa et de Kisangani.

III. LOCALITES DE TROISIEME RANG

A. Ville de Kinshasa
- Commune de Kalamu: tous les quartiers ;
- Commune de Kasavubu: tous les quartiers ;
- Commune de Kintambo: tous les quartiers, à l'exception de ceux repris aux 1ers et 2ème rangs et le Camp Luka ;
- Commune de Limete: Quartier Musoso ;

- Commune de Lemba: tous les quartiers, à l'exception des quartiers Gombele, Camp riche et Salongo ;
- Commune de Bandalungwa: tous les quartiers ;
- Commune de Kinshasa: tous les quartiers ;
- Commune de Barumbu: tous les quartiers, à l'exception du quartier Bon Marché ;
- Commune de Lingwala : tous les quartiers, à l'exception des quartiers Boyata et Golf ;
- Commune de Matete: tous les quartiers, à l'exception du quartier des Marais ;
- Commune de Ngiri-Ngiri : tous les quartiers ;
- Commune de Masina : Quartier Sans fils ;
- Commune de N'djili: Quartiers 1, 2, 3, 4, 7 et 12 ;
- Commune Mont-Ngafula: tous les quartiers, à l'exception des quartiers Mama Yemo et Cité Maman Mobutu.
B. Les autres Ports et Aéroports Aménagés en matériaux durables
C. Autres provinces
- Bas-Congo: Muanda (1 km à partir du littoral), Mbanza-Ngungu, Inkisi, Boma (Commune de Nzadi) ;

- Sud-Kivu : Uvira : Quartier Mulongwe, Bukavu (Communes de Bagira et Kadutu) ;
- Nord-Kivu: Goma (Quartier Katindo gauche) ;
- Maniema : Kindu (Centre ville), Kalima : (Cité Kalima) ;
- Katanga : Ville de Kipushi, Kamina/Ville, Kalemie et Lubumbashi (Commune de Rwashi) ;
- Bandundu: Ville de Bandundu (Quartier Salongo), Kikwit (à l'exception de la Ville Basse et du Plateau) ;
- Kasai-Occidental: Kananga (Quartier Bianchi), Ilebo et Tshikapa ;
- Kasai-Oriental: Mbuji-Mayi (Nouvelle ville et Commune de Bipemba, à l'exception du Quartier Miba), Mwene-Ditu (Centre ville), Lusambo, Ngandajika, Kabinda et Lodja ;
-Equateur : Bumba (Centre commercial), Boende (Centre commercial), Basankusu (Centre commercial), Mbandaka (à l'exception du (Centre ville) et Gemena (Centre ville) ;
- Province Orientale: Bunia (Quartier de Nyakasanza, Quartier Yabiyaya et Quartier Mujipela).

IV. LOCALITES DE QUATRIEME RANG

Toutes les localités ou parties de localités non reprises ailleurs.

2. Taux de l'impôt foncier

1° L'Impôt foncier des villas

Pour les villas, l'impôt est calculé sur la superficie bâtie. Les taux sont fixés par mètre carré de la manière suivante :

Dans les localités dites de 1er rang : 1,50f/m²

Dans les localités dites de 2ème rang : 1Ff/m²

Dans les localités dites de 3ème rang : 0,50Ff/m²

Dans les localités dites de 4ème rang : 0,30Ff/m²

2° L'Impôt foncier des autres constructions et terrains

Il est fixé forfaitairement sans tenir compte de la superficie en fonction des éléments suivants :

- Le rang de localité
- Le fait que le bien soit situé à Kinshasa ou à l'intérieur du pays
- Le propriétaire : personne physique ou morale

Les taux sont fixés de la manière suivante :

a. **Propriétés bâties**

Rang de localité Nature de la propriété bâtie	1er rang	2ème rang	3ème rang	4ème rang
Par étage des immeubles appartenant aux personnes morales	75Ff	37,50Ff	30Ff	22,50Ff
Par étage des immeubles appartenant aux personnes physiques situés à Kinshasa	37,5Ff	22,50Ff	11Ff	7,50Ff
Par étage des immeubles appartenant aux personnes physiques et situés à l'intérieur du pays	30Ff	19Ff	7,50Ff	4Ff
Appartement	75Ff	37,50Ff	18,75Ff	11Ff
Autres immeubles	11Ff	7,50Ff	7,5Ff	1,50Ff

b. **Propriétés non bâties**

Le tarif est donc le suivant :

- 30 Ff pour les terrains situés dans les localités de 1er rang ;
- 7,50 Ff pour les terrains situés dans les localités de 2ème rang à Kinshasa ;
- 4,50 Ff pour les terrains situés dans les localités de 2ème rang à l'intérieur ;
- 3Ff pour les terrains situés dans les localités de 3ème rang à Kinshasa ;
- 2Ff pour les terrains situés dans les localités de 3ème rang à l'intérieur ;

- 1,50 Ff pour les terrains dans les localités de 4ème rang

1.2.1.2.2 Impôts sur le revenu

a. Impôt sur les bénéfices et profits(I.B.P) ou impôt sur les sociétés

L'I.B.P s'applique aux bénéfices nets de toute entreprise industrielle, commerciale, artisanale, agricole ou immobilière dont l'activité professionnelle est exercée en RDC. Les sociétés étrangères qui exercent une activité en RDC sont imposables sur les bénéfices réalisés par leurs établissements permanents qui y sont situés. L'assiette de l'I.B.P est déterminée en fonction des bénéfices nets de l'exercice, soit sur les revenus déduction faite des dépenses professionnelles faites en vue d'acquérir et de conserver ces revenus. Toutefois, l'IBP ne peut être inférieur à 1/1000 du chiffre d'affaires déclaré de l'exercice, avec un minimum de 2.500 USD. Le taux de l'I.B.P est de 40% mais avec l'adhésion à l'OHADA, ce taux passe de 40% à 35%.

Les entreprises dont le résultat est déficitaire paie l'impôt minimum forfaitaire. Le montant de cet impôt est un % de son chiffre d'affaires, mais il faut savoir que le montant de cet impôt ne peut en aucun cas être inférieur à 750.000 CDF pour les moyennes entreprises et à 2.500.000 CDF pour les grandes entreprises.

La déclaration des revenus de l'exercice doit être déposée au plus tard le 31 mars de l'année qui suit celle de la réalisation des revenus et cette déclaration est signée par le redevable et contresignée par son comptable ou son conseil.

c. Impôt professionnel sur les rémunérations(IPR) ou Impôts sur les revenus des personnes physiques(IRPP)

Sont imposables les revenus des personnes rémunérées par un tiers sans être liées par un contrat d'entreprise (sommes versées aux salariés, traitements des administrateurs, gérants, commissaires aux comptes).

Les rémunérations comprennent notamment les traitements, les salaires, les émoluments, les indemnités qui ne représentent pas le remboursement des dépenses professionnelles effectives, les gratifications, les primes, etc.

En ce qui concerne les salariés expatriés, l'assiette imposable à l'IPR ne peut être inférieure au salaire minimum interprofessionnel garanti appliqué dans leur pays d'origine. L'impôt sur le revenu est un impôt progressif et le barème d'imposition à l'IPR est progressif par tranche.

Le barème annuel est le suivant :

Tranches annuelles	Taux d'imposition
0 à 524160,00 CDF	0%
524161,00 à 1428000,00 CDF	15%
1428001,00 à 2700000,00 CDF	20%
2700000,00 à 4620000,00 CDF	22,5%
4620000,00 à 7260000,00 CDF	25%
7260001,00 à 10260000,00 CDF	30%
10260001,00 à 13908000,00 CDF	32,5%
13908001,00 à 16824000,00 CDF	35%
16824001,00 à 22956000,00 CDF	37,5%
Au-delà de 22956000,00 CDF	40%

Toutefois, le montant de l'impôt est plafonné à 30% du revenu imposable.

   d. *Impôt sur les revenus locatifs*[9]

Sont imposables, les revenus provenant de la location des bâtiments et des terrains situés en RDC et sont assimilés à des revenus de location, les indemnités de logement accordées à des salariés occupant leur propre habitation ou celle de leurs épouses.

---

[9] FIDAFRICA, idem p.10

La base imposable est le revenu brut perçu par le bénéficiaire. Le taux de l'IRL est fixé à 22% et le paiement de l'IRL est effectué chaque année au moment du dépôt de sa déclaration, déduction faite des retenues effectuées par les divers locataires.

e. Impôt mobilier ou impôt sur le revenu mobilier

Cet impôt s'applique aux revenus suivants :

- ➢ Les revenus des actions ou des parts y assimilés qui comprennent notamment les dividendes, intérêts, parts d'intérêts ou de fondateur versé par des sociétés ayant leur siège social en RDC,
- ➢ Les remboursements totaux ou partiels du capital social, dans la mesure où ils comprennent des bénéfices, des plus-values ou des réserves incorporés antérieurement au capital social,
- ➢ Les intérêts et revenus des capitaux empruntés à des fins professionnelles par des sociétés congolaises à des personnes non établies en RDC,
- ➢ Les tantièmes alloués aux membres du conseil général des sociétés congolaises,
- ➢ Le montant net des redevances versées.

L'assiette imposable est le montant brut des revenus distribués à laquelle s'applique un taux d'imposition de 20%. L'exigibilité de l'impôt mobilier intervient soit lors du paiement des revenus, soit lors de sa mise à la disposition du bénéficiaire.

1.2. Fiscalité indirecte

La fiscalité indirecte est composée des impôts indirects.

1.2.2.1. Impôts indirects

Les impôts indirects sont ceux qui frappent les dépenses ou les consommations. Ils ne frappent que le revenu ou le capital en mouvement (c.à.d. en train d'être mobilisé ou utilisé dans la société). Ils frappent le revenu lors de la dépense et le capital quand on le transfère d'un patrimoine à un autre.

Les impôts indirects sont supportés en dernier lieu par les consommateurs finaux dans la mesure où ils sont systématiquement intégrés dans les prix de vente des marchandises.

Il s'agit de :

- L'impôt sur le chiffre d'affaires(ICA)
- La taxe sur la valeur ajoutée(TVA)
- Les droits de douane et accises

1.2.2.2 Fiscalité indirecte en RDC

Les impôts indirects qui sont appliqués en RDC sont :

- La taxe sur la valeur ajoutée
- Les droits de douane et accises

a. La taxe sur la valeur ajoutée(TVA)

La TVA est un impôt général sur la consommation qui frappe la livraison des biens, les prestations de services de toute nature, les importations et les exportations.

Pour être imposable à la TVA, la personne imposable doit réaliser un chiffre d'affaires annuel de 80000000 CDF.

A chaque stade du circuit économique (producteur, grossiste, demi-grossiste, détaillant), l'assujetti qui effectue des livraisons de biens ou des prestations de services en faveur de ses clients et calcule à cette occasion la TVA sur le prix de vente hors taxe, appelée TVA collectée.

La loi prévoit un taux positif unique de 16% pour toutes les opérations, hormis les exportations qui en sont exonérées. Il sied de savoir qu'en République Démocratique du Congo, la T.V.A a remplacé l'impôt sur les chiffres d'affaires(I.C.A) qui, lui, a remplacé la Contribution sur les chiffres d'affaires(C.C.A).

b. Les droits de douane

b.1 Droits de douane à l'importation

Les droits de douane à l'importation sont assis sur la valeur CAF des marchandises. Le tarif douanier à l'importation est de 5% pour les produits chimiques, machines-outils, matériel de transport de marchandises ; de 10% pour les farines, l'essence, le gasoil, le kérosène et enfin de 20% pour les vêtements, le mobilier, les cigarettes.

Les biens importés sont également soumis lors du passage du cordon douanier aux taxes suivantes :

> La TVA à l'importation
> Pour certains, les droits de consommation et d'accises

b.2 Droits de douane à l'exportation

Les droits de douane à l'exportation s'appliquent à certaines catégories de marchandises de production locale qui peuvent concerner : le café vert, le courant électrique, les produits minéraux et leurs concentrés, les huiles minérales, les bois en grume, etc.

Les taux de droits de douane à l'exportation vont de 1 à 10%.

c. Droits de consommation et d'accises

Sont concernés par les droits de consommation et d'accises les biens suivants :

Les alcools et boissons alcooliques, les boissons gazeuses, les huiles minérales, les tabacs, les sucres, les ciments hydrauliques, les allumettes, etc.

Le fait générateur des droits de consommation et d'accises est la production en RDC des biens de consommation soumis aux droits ainsi que l'importation de ces biens en RDC. Les tarifs de droits de consommation varient de 5% à 40% en fonction des produits imposés.

CHAPITRE II: ETUDE DE LA TVA ET DE SON APPLICATION EN RDC

SECTION 1 : APERCU GENERAL SUR LA T.V.A.

La taxe sur la valeur ajoutée (TVA en sigle) est un impôt général sur la dépense, c'est une taxe unique à la consommation mais dont le paiement est fractionnaire. En effet, chaque personne intervenant dans le circuit économique paie un montant de la taxe sur la valeur ajoutée proportionnel à la valeur qu'il a ajouté au produit. Elle peut être perçue soit à la production, soit à la distribution, soit à la commercialisation.

La taxe sur la valeur ajoutée ou TVA est donc un impôt sur la consommation que la plupart des pays ont intégré dans leur système fiscal étant donné son rendement, sa neutralité et de sa relative simplicité.

2.1.1 Historique

La taxe sur la valeur ajoutée a été inventée par l'inspecteur des finances français Maurice Lauré en 1954, alors directeur adjoint de la Direction Générale des Impôts. Le système de Lauré fut mis en place le 10 avril 1954 et toucha de prime abord les grandes entreprises. L'adoption rapide de la TVA dans les différents pays du monde a été un des phénomènes les plus remarquables du siècle passé dans le domaine de la fiscalité.

A partir du milieu des années 1960, le succès de la TVA en France a incité de nombreux autres Etats à adopter la TVA pour reformer les systèmes de taxation indirecte sur les biens et services existant dans chaque pays. Parmi les premiers pays à adopter la TVA au rang desquels il convient de citer les pays de l'Union Européenne dont l'Allemagne, le Pays-Bas, la Belgique, l'Irlande, l'Italie, le Danemark, le Royaume-Uni et tant d'autres encore.

Ensuite, au sein de l'Union européenne, a germé l'idée d'harmoniser la TVA c'est-à-dire chercher à ce que les modalités d'application de la TVA soient uniformisées (par là, il faut entendre le taux, le fonctionnement, les opérations imposables).Pour ce faire, les pays de l'Union Européenne ont accepté d'être conduits par un texte de référence. Le premier texte a été adopté le 17 mai 1977 la directive 77/388/CEE (6ème directive TVA) qui constitue encore à l'heure actuelle le texte de référence en matière de TVA communautaire.

Au moment de l'avènement du marché unique qui a aboli les contrôles douaniers aux frontières pour le trafic intracommunautaire de marchandises, la 6ème directive de 1977 a connu une grande modification et cela a eu lieu le 1er janvier 1993.

Ce mouvement de généralisation de la TVA a continué jusqu'à atteindre presque la totalité des pays développés dans le monde jusqu'en 1990. Depuis le début des années 1990, cette taxe s'est répandue rapidement en dehors des économies avancées. Bien qu'elle n'existe pas dans tous les pays, elle est devenue une norme et continue à progresser. Les statistiques du Fonds Monétaire International montrent qu'avant 1990, il n'y avait que moins de 50 pays qui avaient inséré la TVA dans leur système fiscal mais de 1990 à 2009, ce chiffre est passé de moins de 50 pays à environ 140 pays[10].

Dans certains pays développés, la TVA et son fonctionnement sont tellement poussés que l'on parle maintenant de la *TVA sociale.* La TVA sociale consiste à augmenter le taux de TVA pour que cet impôt puisse se substituer aux cotisations sociales. Le principe de la TVA sociale est d'augmenter le taux de TVA pour financer la protection sociale et de diminuer les cotisations sociales payées par les entreprises. La baisse des cotisations sociales rendra les entreprises plus compétitives et elles pourraient par conséquent embaucher davantage. Mais il est reproché à cet impôt d'amenuiser le pouvoir d'achat des ménages en augmentant les prix des biens et services sur le marché.

Dans les pays en développement, c'est le Fonds Monétaire International qui, par l'entremise des programmes d'ajustement structurel

---

[10] (Carlo COTTARELLI, Mobilisation Des recettes dans les pays en développement, Mars 2011, FMI).

(P.A.S.), a impulsé l'insertion de la TVA dans les systèmes fiscaux de ce pays en remplacement des impôts sur le chiffre d'affaires. Dans ces conseils, le FMI préconise une assiette large, un taux unique et un seuil assez élevé. Ces recommandations, que partagent largement les experts dans ce domaine, visent à concrétiser les avantages fondamentaux potentiels de la TVA qui sont le rendement, la neutralité économique et la simplicité. C'est dans ce cadre que la République Démocratique du Congo est devenu le 143ème pays à adopter la TVA en remplacement de l'Impôt sur le Chiffre d'Affaires (ICA) le 1er janvier 2012[11].

2.1.2 Principes et fonctionnement
1. Principes

Les distorsions liées aux impôts sur le chiffre d'affaires à savoir les effets cumulatifs, couplées à la nécessité d'accroitre les recettes ont incité les pouvoirs publics à rechercher des palliatifs de façon à améliorer leur système fiscal, c'est comme cela que l'on a introduit la TVA. Le principe central de la taxe sur la valeur ajoutée (TVA) est d'éviter les impositions cumulatives dites «en cascade». En effet, les impôts sur le chiffre d'affaires sont des taxes cumulatives, ils frappent les produits à chaque transaction sur un prix qui inclut les impôts et taxes acquittés lors des transactions antérieures. Dans ce système, l'impôt ou la taxe est perçu chaque fois que le produit fait l'objet d'une transaction. Ce qui fait que l'impôt est perçu en cascade à tous les stades du circuit économique. Par contre la taxe sur la valeur ajoutée est un impôt unique parce qu'elle est prélevée, dans son entièreté, en un seul point du circuit économique d'un produit.

Elle peut être perçue soit à la production, soit à la consommation, soit à la commercialisation. Dans le calcul de la TVA, l'assiette fiscale, à chaque point du circuit économique est uniquement la valeur ajoutée à ce stade. Dans les faits, les redevables légaux (assujettis ou entreprises) à la TVA passent les opérations suivantes :

---

[11] MABIALA UMBA, la TVA Pratique dans le monde des affaires, Kinshasa 2011 cité par YAV&ASSOCIATES dans Théorie et Pratique de LA tva en R.D. Congo

- Percevoir la TVA en majorant les prix de vente hors taxe du taux normal de la taxe sur la valeur ajoutée. Ainsi il y a donc un prix hors-taxe(PHT) et un prix après la taxe (TTC).
- Verser au fisc la différence entre le total de la TVA perçue lors de ses ventes et le total de la TVA déjà payées par elles lors de leurs achats. Par ces différentes opérations, l'on ne taxe que *la valeur ajoutée*. La valeur ajoutée est la richesse réellement créée par une unité de production. C'est la différence entre le chiffre d'affaires et les consommations intermédiaires.

A titre d'exemple, un entrepreneur X achète un bien Y à 2CDF hors taxe auprès d'un fournisseur A, il est facturé 2,32CDF dont 0,32CDF de TVA pour un taux normal de 16%. Ce même entrepreneur revend ce bien Y à 3CDF hors taxe et applique donc la TVA sur le prix de ce bien dont 3(1+0,16) qui est égal à 3,48CDF. Mais au moment de l'acquitter, l'entrepreneur déclare la totalité du montant de la TVA perçu lors de la vente soit 0,48CDF d'où il retranche la TVA payée au fournisseur A soit 0,32CDF et ne verse que 0,16CDF qui est la différence entre la TVA due en raison de la vente du bien et celle payée lors de l'achat. Ce qui revient à dire qu'en réalité, l'entrepreneur X ne verse à l'Etat que le montant de la taxe dû sur la partie de la valeur ajoutée au produit. La réussite dans un tel processus est basée sur un contrôle permanent et la tenue de la comptabilité régulière de la part des assujettis.

2. Fonctionnement

a. les opérations imposables

Il s'agit des opérations obligatoirement assujetties en raison soit de leur valeur ; soit du droit d'option en faveur du redevable. Elles peuvent être regroupées en trois types d'opérations dont :

> *les opérations imposables par nature*

La TVA s'applique aux livraisons des biens meubles, aux prestations de services qui ont été effectués par un assujetti agissant d'une manière indépendante et aux acquisitions intracommunautaires.

Les assujettis à la TVA sont définis comme étant les personnes qui, agissant d'une façon libre et indépendante, exerce une des activités économiques mentionnées :

- Les activités industrielles ou commerciales,
- Les activités artisanales,
- Les activités libérales,
- Les activités d'enseignement,
- Les activités civiles,
- Les activités agricoles et extractives.

➤ *Les opérations imposables par disposition expresse de la loi*

La loi peut soumettre à la TVA certaines activités ou bien certaines opérations qui, par leur nature, n'auraient été pas imposables.

➤ *Les opérations imposables par option*

Dans ce dernier cas, il s'agit de certaines personnes physiques ou morales qui sont assujetties sur leur propre demande à la TVA au titre d'opérations pour lesquelles elles n'y sont pas obligatoirement soumises. Il peut paraitre paradoxal qu'une personne qui n'est pas assujettie à la TVA puisse en demander l'autorisation mais il faut savoir que l'assujettissement à la TVA procure un certain nombre d'avantages. En effet, l'exonération d'une opération au cours du circuit de fabrication ou de commercialisation empêche l'entreprise de récupérer la TVA supportée sur les factures de ses fournisseurs. Il nait donc une surcharge fiscale auprès de l'entreprise exonérée.

b. Les opérations non imposables[12]

On distingue les exemptions et les exonérations.

➤ *Les exemptions*

Elles concernent les opérations situées hors champ d'application. Leur domaine ne remplit pas toutes les conditions par rapport à la notion d'affaires et de détermination de la loi.

➤ *Les exonérations*

---

[12] Fiscalité indirecte au Sénégal, Document Word anonyme.

Ce sont les opérations situées dans le champ d'application mais qui échappe à la taxation du fait de la loi. Les modalités d'exonérations à la TVA dépendent d'un pays à un autre. Néanmoins, elles peuvent être à caractère économique (exportations), social (médicaments, livres, transport, soins médicaux, etc.) technique (opérations bancaires) ou même de souveraineté.

c. Les principes de la TVA

> *Principe de la territorialité de la TVA*

La notion de la territorialité d'un impôt s'intéresse au lieu où un impôt doit être perçu ou encore le lieu où les activités économiques et les opérations sont réalisées pour y rechercher son imposition. Dans le cadre de la TVA, c'est la RDC qui est le territoire fiscal.

> *Principe du fait Générateur*

Le fait générateur d'un impôt est défini comme l'événement qui donne naissance à l'impôt.

> *Principe d'exigibilité de la TVA[13]*

L'exigibilité de l'impôt est le droit que dispose le Trésor Public d'exiger à un moment donné le paiement de l'impôt par le contribuable. C'est ainsi que pour la taxe sur la valeur ajoutée (TVA), la notion d'exigibilité présente un intérêt essentiel dans son fonctionnement. Elle peut déterminer :
- La période (mois, trimestre, année) pendant laquelle les opérations imposables doivent être déclarées par le redevable légal;
- La date à laquelle le droit à déduction prend naissance chez le client dès lors qu'il a la qualité de redevable.

> *Le Principe de droit à déduction*

Le principe de droit à déduction donne au redevable ayant supporté la TVA lors de ses achats en amont auprès des ses fournisseurs, le droit de la déduire lors de la vente des biens et services à ses clients.

---

[13] MAYOMBO MONDIO, Mémoire DEA sur la TVA, ISC-ULG, 2012

2.1.3 Avantages et désavantages
a. Avantages

La taxe sur la valeur ajoutée est un impôt sur la dépense qui a pour avantages son rendement et sa neutralité économique en général

➢ *Rendement*

La taxe sur la valeur ajoutée(TVA) facilite la mobilisation des recettes élevées d'une manière qui ne pénalise pas plus l'activité que les autres solutions possibles, elle favorise les objectifs d'équité et qui soit relativement simple à appliquer et à faire respecter.

Selon Keen et Lockwood(2010), les pays dotés d'une TVA mobilisent en général davantage de recettes, toutes choses égales par ailleurs, encore que le gain éventuel varie selon l'ouverture et les niveaux de revenus des pays.

Les statistiques du Fonds Monétaire International(FMI) en 2010 font état des recettes de la taxe sur la valeur ajoutée(TVA) en % du P.I.B. et du taux standard moyen selon la classification des pays :

Catégorie des Pays	Recettes de la TVA en % PIB	Taux moyen standard
Pays à faible revenu	4,9%	16,2%
Pays à revenu moyen inférieur	5,0%	13,8%
Pays à revenu moyen inférieur	5,2%	15,7%
Pays à revenu élevé : OCDE	6,8%	18,0%
Pays à revenu élevé : hors OCDE	6,2%	16,3%

Source : Carlo COTTARELI, Mobilisation des recettes dans les pays en développement, FMI Mars 2011

➢ *Neutralité économique*

Les entreprises ne supportent la TVA qu'à concurrence de la valeur qu'elles ajoutent au produit. Elles tiennent une comptabilité hors taxe. Ainsi les entreprises jouent le rôle de collecteur d'impôt pour le compte de l'administration fiscale parce qu'elles ne supportent pas réellement la charge de la taxe, elle est finalement supportée par le consommateur final. Ce mécanisme garantit la «neutralité économique » de la TVA aux yeux des assujettis.

➢ *Autres avantages*

Outre la neutralité et le rendement que procure la TVA, l'on peut encore citer comme avantages :

❖ La TVA peut servir de catalyseur pour améliorer la performance de l'administration fiscale, en segmentant les redevables sur la base de son seuil, en instituant l'auto liquidation et en favorisant une organisation fonctionnelle de l'administration fiscale,

❖ La TVA étant un impôt sur la consommation, permet à l'Etat de taxer les activités du secteur informel par le biais des biens et services que ces dernières achètent sur le marché,

❖ Amélioration de la compétitivité de la production locale en exonérant les exportations,

❖ Facilitation de l'organisation des structures industrielles (avantage lié à la neutralité économique),

❖ Elle élargit l'assiette fiscale dont la conséquence directe est l'augmentation des recettes fiscales,

❖ Elle évite à un pays de subir la concurrence fiscale internationale parce qu'au lieu de frapper directement les revenus, elle les frappe au niveau de leur utilisation. Ce qui fait que souvent, les contribuables payent la taxe sur la valeur ajoutée sans se rendre.

b. Désavantages

La TVA est à l'origine de plusieurs critères dont voici la teneur :

❖ Elle pèse d'autant plus sur un agent économique qu'il consomme une fraction plus importante de son revenu. Ce qui fait que les pauvres supportent plus le poids de la TVA que les riches, c'est donc un impôt régressif. En 2007 au Brésil, l'on a remarqué que les pauvres consacraient

27% de leur revenu à la charge de la TVA alors que les riches n'y consacraient que 7%.[14]

❖ La TVA n'est pas un impôt redistributif : le taux payé est le même pour tous, quels que soient les revenus. Elle est accusée de peser uniformément sur la consommation des riches et sur celle des pauvres et elle est également accusée d'injustice sociale du fait que les riches, épargnant une plus grande part de leurs revenus, sont en quelque sorte de la TVA pour une large fraction de ceux-ci. Ce qui va à l'encontre du principe d'équité fiscale qui veut que les individus supportent la charge de l'impôt jusqu'à concurrence de leur capacité contributive. Ce qui viole le principe de justice et d'équité fiscale.[15]

❖ Pour les entreprises, quand bien même elles ne supportent pas la charge de la TVA mais cette dernière renchérit le prix final des biens et services qu'elles offrent sur le marché. Toutes choses égalent par ailleurs, cette augmentation des prix entrainera une baisse de la demande des biens et services offerts par les entreprises et elle pourra aussi affecter la rentabilité de ces dernières.

❖ Pour l'Etat, les recettes fiscales dépendent davantage des flux économiques (consommation, échange, etc.) et non du stock de richesse disponible dans l'économie. Ceci étant, les recettes fiscales sont exposées aux variations ou fluctuations de l'économie : il y aura donc accroissement des perceptions fiscales en période de croissance et réduction des recettes en cas de récession.

❖ La TVA pose des problèmes de gestion dans les pays en développement où elle est mal conçue et appliquée, les remboursements constituant par ailleurs un problème particulier. Ces désavantages conduisent certains pays à encadrer l'application de la TVA par plusieurs autres mesures dont :
- Les exonérations de la TVA sur les biens de première nécessité ;
- Les taux réduits sur les biens de première nécessité et des taux élevés pour les biens de luxe.

---

[14] Jean MERCKAERT, mobiliser et valoriser les ressources internes pour financer le développement, CCFD et OXFAM France, juillet 2008.
[15] Jacques BICHOT, Juste ou injuste, la TVA ?, gestion des finances publiques, avril 2012

SECTION 2 : APPLICATION DE LA TVA EN RDC

D'application depuis le 1er janvier 2012, il s'avère important de souligner que l'adoption de la taxe sur la valeur ajoutée(TVA) est le résultat d'un long processus dont voici la composition :

2004 : création d'un comité de réformes au sein de la Direction Générale des impôts(DGI) ;

2006 : élaboration par ledit comité de l'avant-projet de loi aux partenaires tant du monde des affaires que du monde scientifique (UNIKIN, UNILU, ISC, etc.) pour recueillir leurs observations éventuelles ;

2009 : dépôt du projet de loi au parlement ;

Le 04 juin 2010 : examen et adoption en première lecture du projet de loi par le Sénat ;

Le 23 juin 2010 : promulgation de la loi d'habilitation du Gouvernement à prendre l'Ordonnance-LOI portant institution de la TVA ;

Le 20 aout 2010 : signature de l'Ordonnance-Loi n°10/001 portant institution de la TVA par le Président de la République ;

Le 14 janvier 2011 : dépôt du projet de ratification au Parlement ;

Le 15 juin 2011 : vote de la loi de ratification par le Parlement ;

Le 1er janvier 2012 : entrée en vigueur de l'Ordonnance-Loi n°10/001 portant institution de la TVA.

2.2.1 Contexte

La taxe sur la valeur ajoutée(TVA) est venue en remplacement de l'impôt sur le chiffre d'affaires(ICA) qui, lui, a remplacé la contribution sur le chiffre d'affaires(CCA).

Le contexte dans lequel évoluait la République Démocratique du Congo avant l'application de la TVA était caractérisé par :

➢ Le faible rendement du système fiscal caractérisé par un ratio de recettes fiscales en % du PIB inférieur à 5% et par la vétusté du système fiscal comportant un impôt sur le chiffre d'affaires qui entraine les effets en cascade ;

➤ L'inefficacité du système fiscal caractérisé par la sous-fiscalisation des opérateurs économiques, l'augmentation des prix des produits de fabrication locale, la rentabilité encore plus faible des investissements, la prolifération des activités dans le secteur formel ;
➤ L'absence d'une véritable administration centrale et organisation des structures par fonction ;
➤ La multiplicité des services intervenant auprès des contribuables, ce qui entraine la tracasserie ;
➤ La redondance dans les procédures fiscales ;
➤ L'inadaptation de la fiscalité indirecte aux problèmes et questions actuels de l'économie congolaise ;
➤ La composition du régime d'imposition applicable aux petites et moyennes Entreprises (PME en sigle).

2.2.2 Objectifs

L'Ordonnance-Loi n°10/001 du 20 aout 2010 portant institution de la taxe sur la valeur ajoutée(TVA) en RDC, dans son esprit, visait les objectifs ci-après lors de l'application de la TVA :

1. Moderniser le système d'imposition indirecte en palliant les faiblesses de l'Impôt sur le chiffre d'affaires(ICA) qui sont les effets en cascade et l'étroitesse de la base d'imposition ;
2. Améliorer la compétitivité des produits de fabrication locale par rapport à ceux importés ;
3. Améliorer la rentabilité du système fiscal congolais c'est-à-dire accroitre sensiblement le niveau des recettes fiscales ;
4. Drainer les activités du secteur informel vers le secteur structuré c'est-à-dire contrôlé par l'Etat ;
5. Faciliter l'harmonisation de la fiscalité indirecte dans le contexte des regroupements sous-régionaux (SADC, COMESA, CEMAC, etc.).

2.2.3 Modalités d'application

1. Opérations imposables[16]

La taxe sur la valeur ajoutée (TVA) étant un impôt général sur la consommation, elle frappe toutes les opérations relevant d'une activité économique et effectuées, à titre onéreux, par un assujetti agissant en tant que tel. Il s'agit de :

- Livraison de biens meubles corporels à des tiers,
- Prestations de services de toute nature faites à des tiers,
- Livraison de biens et prestations de services à soi-même,
- Les importations.

a. Livraisons de biens meubles

Par livraison de biens meubles, il faut entendre un transfert du pouvoir de disposer de ce bien comme propriétaire. Les livraisons de biens meubles corporels comprennent l'échange de biens, l'apport en société, la location-vente, la vente à tempérament, les ventes d'articles et matériels d'occasion faites par des professionnels, les cessions d'éléments d'actifs, etc.

b. Prestations de services

Par prestation de services, il faut entendre toutes les opérations autres que les livraisons de biens meubles corporels. Elles constituent toutes les activités par lequel une personne s'oblige à exécuter un travail quelconque moyennant une contrepartie. Il s'agit de la location de biens meubles et immeubles, les opérations de crédit-bail, le transport de biens et marchandises, les travaux immobiliers, etc.

c. Livraisons et Prestations à soi-même

Par livraison des biens à soi-même, il faut comprendre les prélèvements et affectations effectuées par les assujettis pour des besoins d'exploitation et même hors exploitation.

---

[16] Ordonnance-loi n°10/001 du 20 aout 2010 portant institution de la taxe sur la valeur ajoutée en RDC

En revanche, la prestation de services à soi-même consiste en des services que les assujettis réalisent pour les besoins d'exploitation ou hors exploitation de leur entreprise.

2. Territorialité de la TVA en RDC

Une opération est imposée à la TVA en République Démocratique du Congo lorsqu'il s'agit de :

- Livraison de biens ou toute autre opération ayant pour effet de transférer à un tiers le pouvoir d'user d'un bien comme propriétaire, lorsque ledit bien se trouve sur le territoire national au moment de la vente ;
- Travaux immobiliers, lorsqu'ils sont effectués dans les pays ;
- Prestations de services lorsque le service rendu, le droit cédé ou l'objet loué est utilisé ou exploité au pays.

3. Personnes imposables

Sont assujettis à la TVA, les personnes physiques ou morales, y compris l'Etat, les provinces, les entités territoriales décentralisées(ETD) et les organismes de droit public qui effectuent de manière indépendante, à titre habituel et occasionnel, des opérations économiques. Les personnes physiques et morales sont assujetties lorsqu'elles réalisent un chiffre d'affaires annuel supérieur à 80.000.000CDF[17], exception faite des membres des professions libérales qui, eux, sont assujettis à la taxe sur la valeur ajoutée sans considération de leur chiffre d'affaires.

Sont exclus :

- Les salariés ;
- Les personnes liées par un contrat de travail ;
- Tout autre rapport juridique créant un lien de subordination.

Il appartient au Ministre des finances seul, lorsque l'urgence impose, de modifier le seuil d'assujettissement à la taxe sur la valeur ajoutée.

---

[17] L'Ordonnance-loi instituant la TVA en RDC parle de 50.000.000 CDF mais ce seuil fut porté à 80.000.000 CDF par l'Arrêté Ministériel N°037/CAB/MIN/FINANCES/2011 du 11 aout 2011 portant modification du seuil d'assujettissement à la TVA.

Lorsque le chiffre d'affaires réalisé par un assujetti devient inférieur au seuil fixé, celui-ci conserve sa qualité les deux années suivant celle de la constatation de la diminution du chiffre d'affaires.

4. Mécanisme de fonctionnement

A chaque stade du circuit économique (production, distribution, commercialisation), l'entreprise assujettie qui effectue des livraisons de biens ou des prestations de services en faveur de ses clients calcule à cet effet la TVA sur le prix de vente hors taxe, appelée « TVA COLLECTEE ». A l'occasion des achats des biens livrés ou des prestations reçues, les fournisseurs lui réclament les prix, y compris la TVA, appelée « TVA DEDUCTIBLE ». A la fin de la période, l'assujetti totalise la TVA collectée et la TVA déductible et reverse, le cas échéant, la TVA nette. De cette différence, il peut se dégager trois situations :

1. Lorsque la TVA collectée est supérieure à la TVA déductible, il se dégage une TVA nette à payer au Trésor ;
2. Lorsque la TVA collectée est inférieure à la TVA déductible, il se dégage un crédit de TVA. Ce crédit de taxe est imputé sur les déclarations des mois suivants jusqu'à épuisement ou remboursé pour des cas très limités prévus par loi ;
3. Lorsque la TVA collectée égale à la TVA déductible, aucune taxe n'est à payer.

5. Exonérations

Pour des raisons d'ordre social, culturel, technique et de souveraineté, certaines opérations du champ d'application de la taxe sur la valeur ajoutée échappe à la taxation. Ci-dessous se trouve un tableau synthétique permettant de mieux comprendre les opérations exonérées de la TVA :

Types d'opérations	Opérations exonérées
1. Importation	1. Les ventes et les importations réalisées par les ASBL légalement constituées lorsque ces opérations ont un caractère social, sportif, culturel ou religieux. 2. Les ventes et les importations de timbres officiels. 3. Les ventes et les importations des équipements agricoles. 4. L'importation et la livraison des organes et du sang humain pour les hôpitaux. 5. L'importation et la vente de bateaux et filets de pêche. 6. L'importation des produits pharmaceutiques, les intrants pharmaceutiques et matériels médicaux.
2. Les prestations des services	1. Les opérations de composition, d'impression, d'importation et de vente des journaux, livres et périodiques à l'exclusion des recettes afférentes à la publicité.

| | 2. les recettes liées aux visites des monuments historiques et musées nationaux des parcs zoologiques et botaniques.

3. Les frais de scolarité et de pension perçus dans le cadre normal de l'activité des établissements d'enseignement national régulièrement autorisés.

4. Les examens, consultations, soins, hospitalisation, travaux d'analyse et de biologie médicale sur les humains.

5. Les prestations faites par les pompes funèbres et le transport de corps.

6. Le transport des malades blessés. |
| --- | --- |

La conséquence directe de toutes les exonérations est que l'assujetti dont l'opération est exonérée perd le droit de déduction c'est-à-dire que l'assujetti perd le droit de déduire la taxe sur la valeur ajoutée supportée dans les factures de ses fournisseurs.

6. Taux

La loi prévoit un taux positif unique de 16% pour toutes les opérations, les exportations en sont exonérées en vue de garantir la compétitivité de la production nationale.

7. Obligations administratives, déclaratives et contributives des redevables

Il s'agit des obligations des redevables légaux qui sont les entreprises assujetties à la TVA. Parmi ces obligations, l'on peut citer :

- Souscrire d'abord avant le début de leur activité une déclaration d'assujettissement auprès du fisc qui lui délivrera en retour un code d'enregistrement donnant droit à collecter la TVA ;
- Souscrire mensuellement (au plus tard le 15 de chaque mois) une déclaration de TVA avec un état détaillé selon le modèle de l'Administration ;
- Tenir la comptabilité régulière (journaux, grands-livres, balances à conserver pendant 10 ans) dès que le chiffre d'affaires annuel atteint 80.000.000 CDF.

CHAPITRE III : ANALYSE DES EFFETS DE LA TVA SUR LES MENAGES DE LA RDC

1. Approche méthodologique

Dans ce chapitre, il est question de saisir pratiquement l'incidence de la taxe sur la valeur ajoutée sur l'amélioration de la situation économique des ménages congolais principalement et sur l'économie subsidiairement en passant par l'augmentation des recettes fiscales. L'on veut savoir si la taxe sur la valeur ajoutée a contribué à l'augmentation du fardeau fiscal du consommateur qui est le ménage.

En effet, la littérature économique nous renseigne qu'un bon impôt est celui qui remplit les critères de productivité (les frais de perception doivent être inférieurs à ce qu'il rapporte comme ressource), de justice et d'équité (elles renvoient à la répartition équitable des charges fiscales entre tous les membres de la collectivité) et le critère de fonctionnalité (répondre aux objectifs de stabilité économique). En outre, elle renseigne aussi que la taxe sur la valeur ajoutée, TVA en sigle, est un impôt qui a des effets régressifs c'est-à-dire elle est plus supportée par les pauvres que les riches parce que ces derniers qui consomment une part faible de leur revenu, ceci étant, ils sont en quelques sortes exonérés.[18] Vu sous cet angle, la TVA viole le critère de justice et d'équité énoncé ci-haut parce qu'elle pèse inéquitablement sur la consommation des riches et sur celle des pauvres, elle majore autant le prix de biens de première nécessité que les prix de biens de luxe.

En dépit de ce qu'affirme la littérature économique, le présent chapitre se propose de saisir empiriquement l'incidence de la taxe sur la valeur ajoutée sur les ménages congolais. La TVA étant un impôt sur la consommation, les ménages congolais, qui sont les consommateurs, la supportent lors de l'achat des biens et services par le mécanisme de prix. C'est ainsi que le prix est la variable principale à partir de laquelle nous allons comprendre les effets de la TVA sur le bien-être des ménages congolais, d'où l'usage de l'indice des prix à la consommation, IPC en sigle.

---

[18] Jacques BICHOT, idem p 1-4

Un indice des prix est une mesure des variations proportionnelles ou encore en pourcentage d'un panier de biens au cours du temps. Ce panier est composé des biens et services qui occupent une grande part dans le budget des ménages. L'indice des prix à la consommation(IPC) mesure les variations des prix de biens et services que les ménages consomment le plus, lesquelles variations affectent le pouvoir d'achat de ces derniers ainsi que leur mieux-être. Compte tenu du fait que les prix de biens et services ne varient au même moment ou encore dans les mêmes proportions, l'indice des prix à la consommation est une moyenne pondérée. Il y a plusieurs méthodes qu'on utilise pour calculer l'indice des prix à la consommation mais deux méthodes sont privilé~~~~~ :

Approche de Laspeyres $\quad IPC = \dfrac{\sum P_{jt} Y_{j0}}{\sum P_{j0} Y_{j0}}$

Approche de Paasche $\quad IPC = \dfrac{\sum P_{jt} Y_{jt}}{\sum P_{j0} Y_{jt}}$

L'indice des prix à la consommation pris isolément ne donne aucune information utile pour comprendre le coût de la vie dans un pays, il faut donc calculer la variation des indices prix, c'est ce que nous appelons le taux d'inflation :

$$i = \dfrac{IPC_{t1} - IPC_{t0}}{IPC_{t0}}$$

Le taux d'inflation est l'indicateur privilégié permettant aux autorités économiques de mesurer l'évolution du niveau général des prix et par ricochet l'évolution du pouvoir d'achat des agents économiques nationaux. C'est ainsi qu'au lieu de retenir l'indice de prix à la consommation comme indicateur principal, nous allons plutôt retenir le taux d'inflation. Il faut signaler par ailleurs qu'étant donné que la taxe sur la valeur ajoutée est d'application que depuis le 1er janvier 2012, nous allons utiliser les données mensuelles c'est-à-dire les taux d'inflations mensuels.

Section 1 : INCIDENCES DE LA TVA SUR LE POUVOIR D'ACHAT DES MENAGES

Le pouvoir d'achat est la quantité de biens et services qu'une unité monétaire vous permet d'acquérir sur le marché, il est aussi désigner par le terme *revenu réel*. Toutes choses restant égales par ailleurs, le pouvoir d'achat des ménages dépend de deux variables dont *le revenu disponible* et *le niveau de prix sur le marché*. Dans l'hypothèse où le revenu disponible est constant, seul le niveau de prix influence le pouvoir d'achat des ménages. Dans ce cas, s'il y a augmentation des prix sur le marché, le pouvoir va s'effriter alors qu'il va s'améliorer au cas où il y a diminution des prix sur le marché. De là, il se déduit que pour connaitre l'évolution du pouvoir d'achat, il sied de saisir d'abord l'évolution du niveau général des prix et l'indicateur le plus utilisé est le taux d'inflation comme nous l'avons sus mentionné.

Ceci étant, pour saisir l'effet de la TVA sur le niveau général des prix, nous allons dans un premier temps faire l'analyse comparative des taux d'inflation mensuels quelques mois avant et quelques mois après l'instauration de la taxe sur la valeur ajoutée et ensuite nous allons faire le test d'hypothèses de deux moyennes pour savoir si les taux d'inflation mensuels après l'instauration de la TVA sont significativement supérieurs aux taux d'inflation mensuels avant la TVA auquel on conclura que la TVA a amenuisé le pouvoir d'achat des ménages.

1.1 Analyse comparative des taux d'inflation mensuels

Ici, il est question de comparer les taux d'inflation mensuels avant et après l'instauration de la taxe sur la valeur ajoutée. En effet, étant donné que la TVA est un impôt unique et neutre en ce sens que les entreprises ne supportent la TVA qu'à concurrence de la valeur qu'ils ajoutent au produit par rapport à l'ICA qui est qualifié d'un impôt inflationniste à cause des ses effets, l'on devait s'attendre à une baisse des prix de biens et services et par conséquent à des taux d'inflation mensuels plus faibles qu'avant. Pour vérifier cela, nous allons utiliser les taux d'inflation mensuels de 24 mois avant et de 18 mois après l'instauration de la taxe sur la valeur ajoutée comme les résument les tableaux suivants :

AVANT LA TVA

Année	J	F	M	A	M	J	J	A	S	O	N	D
2010	3,22	0,99	-0,02	0,15	0.23	-0,08	0,08	0,21	0,79	0,96	1,96	0,13
2011	1,46	1,84	2,50	2,11	0,13	2,11	0,95	0,66	0,40	0,11	0,11	0,13

Source : BCC, bulletin d'informations statistiques, octobre 2012

APRES LA TVA

Année	J	F	M	A	M	J	J	A	S	O	N	D
2012	4,25	0,11	0,25	0,16	0,13	0,1	0,1	0,18	0,1	0,04	0,13	0,12
2013	0,13	0,13	0,1	0,13	0,2	0,06	-	-	-	-	-	-

Source : BCC, bulletin d'informations statistiques, mai 2013

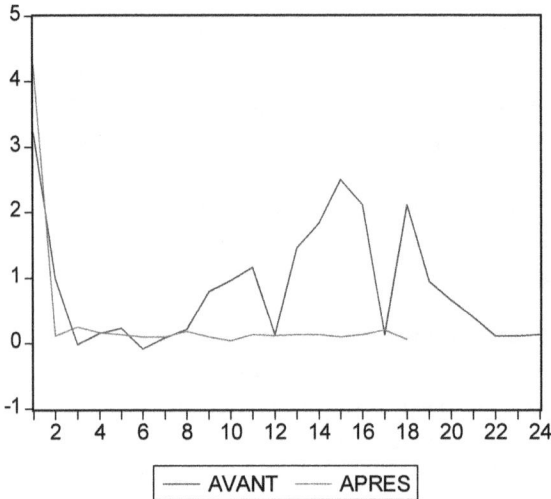

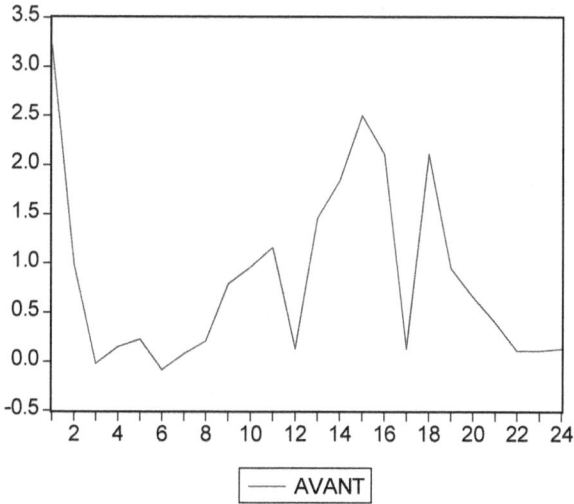

AVANT

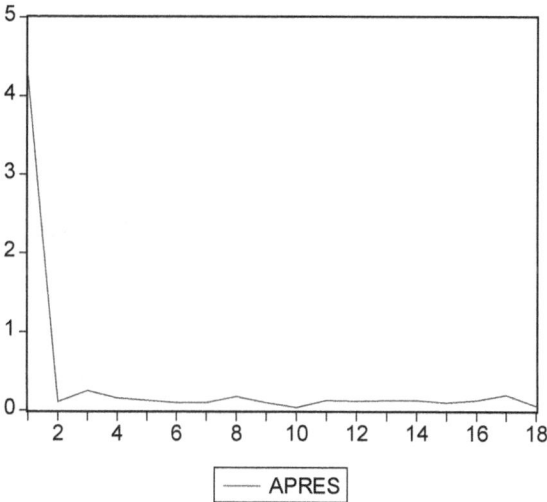

APRES

En analysant minutieusement l'évolution des taux d'inflation mensuels, l'on remarque que les taux d'inflation mensuels avant l'instauration de la TVA sont plus élevés que les taux d'inflation mensuels après la TVA comme l'indique les graphiques ci-dessus, avec une moyenne mensuelle de 0.83% avant la TVA contre une moyenne mensuelle de 0.36% après l'instauration de la TVA. Mais il faut reconnaitre qu'avant l'instauration de la taxe sur la valeur ajoutée, les taux d'inflation mensuels sont plus concentrés, avec un écart-type 0.93%, que les taux d'inflation mensuels après l'instauration de la TVA. C'est dire qu'avec la TVA, il y a de fortes fluctuations des taux d'inflation mensuels qu'il n'y en avait pas avant.

Remarquons par ailleurs que pendant les premiers mois avant l'instauration de la TVA, les taux d'inflation mensuels sont très élevés à cause des phénomènes ci-après :

➢ Le cumul de la TVA et de l'ICA dans le prix de vente : certains opérateurs économiques véreux et mal intentionnés ont continué à appliquer simultanément la TVA et l'ICA dans le prix de vente, ce qui fait que ce dernier augmente ;

➢ Les tensions inflationnistes : dans un pays comme la République Démocratique du Congo où le passé révèle des phénomènes comme les pillages, l'hyperinflation exagérée avec un taux d'inflation de 9767,9 % en 1994, les tensions inflationnistes sont toujours présentes comme lors du lancement des billets à valeur faciale adaptée ;

➢ Une raison logique est que l'impôt sur le chiffre d'affaires avait plusieurs taux d'imposition alors que la taxe sur la valeur ajoutée n'a qu'un seul taux soit de 16%. Il se fait que les biens et services qui sous l'ICA étaient frappés à un taux inférieur à 16% doivent, ceteris paribus, subir une augmentation de leurs prix ;

➢ La présence d'une économie souterraine prépondérante : les opérateurs économiques de ce secteur ont l'habitude de s'approvisionner auprès des commerçants assujettis à la TVA, ainsi ils augmentent les prix de biens et services pour maintenir inchangé leur bénéfice ;

➢ L'existence de l'asymétrie de l'information entre l'Administration fiscale, les opérateurs économiques et les ménages : beaucoup d'opérateurs économiques n'ont pas compris comment appliquer la taxe sur la valeur ajoutée parce que même les biens qui ont été exonérés ont vu leurs prix augmentés ;

➢ La TVA comprend en son sein trois parties ; TVA collectée, TVA déductible et TVA nette à verser au trésor public. Chaque opérateur économique cherche à facturer la taxe sur la valeur ajoutée à ses clients afin de déduire la TVA qu'il a supportée en amont lors de son approvisionnement, chaque opérateur a donc intérêt à facturer la TVA et plus il y a des intermédiaires commerciaux, plus élevé est le prix payé par les consommateurs finaux qui sont les ménages, ceteris paribus.

Il se déduit de ce constat que l'instauration de la taxe sur la valeur ajoutée a entrainé une augmentation des prix, laquelle est inférieure à celle qui prévalait à l'époque de l'ICA. Encore faut-il comprendre qu'avant la TVA, l'augmentation des prix est demeurée plus stable qu'après la TVA car avec l'instauration de la TVA, les prix augmentent différemment selon des mois. Ce qui affecte négativement le pouvoir d'achat des ménages à cause de calcul biaisé par les hausses de prix intempestives.

Si on se limite à ce niveau d'analyse, nous allons conclure que la TVA a amenuisé le pouvoir d'achat des ménages mais dans une moindre mesure que l'ICA. Etant donné qu'il y a des fortes fluctuations des taux d'inflation mensuels, il sied d'utiliser une technique statistique plus rigoureuse pour voir si la taxe sur la valeur ajoutée a sensiblement amenuisé le pouvoir d'achat des ménages congolais, d'où l'utilisation de test d'hypothèses.

1.2.Test d'hypothèses de taux d'inflation mensuels moyens

La taxe sur la valeur ajoutée étant un impôt neutre et appliquée à un taux inférieur à celui de l'ICA, soit un taux de 16%, devait entrainer plutôt une baisse des prix des biens et services sur le marché. Mais hélas, elle a conduit à une augmentation des prix des biens et services due à l'asymétrie de l'information entre existant l'Administration fiscale, les opérateurs économiques et les consommateurs finaux et aussi suite aux tensions inflationnistes qui ont érigé domicile dans le chef des agents économiques à cause d'un passé infernal.

Ceci étant, la technique de test d'hypothèses nous permettra de déterminer si le taux d'inflation mensuel moyen avant la TVA est significativement inférieur au taux d'inflation mensuel moyen après la TVA auquel nous allons déduire que la taxe sur la valeur ajoutée a amenuisé le pouvoir d'achat des ménages congolais. Mais avant d'y arriver, il nous est impérieux de jeter les bases sur cette technique qui peut paraitre sorcier à certains égards : le test d'd'hypothèses.

a. Définition de test d'hypothèses[19]

C'est une technique statistique utilisée pour infirmer ou confirmer une hypothèse formulée à partir d'une épreuve quelconque. Après l'estimation, c'est la deuxième plus grande technique la plus utilisée en statistique inférentielle pour généraliser les résultats de l'échantillon à la population. On appelle hypothèse statistique, une proposition ou encore un énoncé concernant une ou plusieurs populations. Elle est dite paramétrique lorsqu'il s'agit d'un énoncé quantitatif concernant un paramètre (grandeur calculée sur la population) et elle est dite non paramétrique dans le cas contraire.

b. Formulation des Hypothèses statistiques

Dans tout test, on formule deux hypothèses qui s'excluent entre elles et qui seront confrontées à la fin. De cette confrontation, une sera acceptée et une autre sera rejetée. Il existe deux sortes d'hypothèses :

- ➢ L'hypothèse nulle(H_0)
- ➢ L'hypothèse alternative(H_1)
- • L'hypothèse nulle est généralement la proposition qui contredit la proposition de recherche, elle est aussi appelée contre hypothèse.
- • L'hypothèse alternative est généralement la proposition de recherche, c'est ce que l'on veut vérifier dans une étude.

Soit L, un paramètre inconnu calculé sur la population, l'on a les hypothèses suivantes :

---

[19] Beaujolais BOFOYA, Statistique pour économiste, 2010-2011

H0 : L= L0

H1 : L › L0 test unilatéral à droite

L ‹ L0 test unilatéral à gauche

L ≠ L0 test bilatéral

c. Définition de quelques concepts de base

1. Seuil de signification(α) : c'est la probabilité de commettre l'erreur de première espèce ;
2. Erreur de première espèce : c'est rejeter l'hypothèse nulle alors qu'elle vraie ;
3. Erreur de deuxième espèce : c'est accepter l'hypothèse nulle alors qu'elle est fausse ;
4. Seuil de confiance (1-α) : c'est la probabilité d'accepter l'hypothèse nulle alors qu'elle est vraie. Si α=0,05 1-α=0.95 ;
5. Région critique : c'est la zone de rejet de l'hypothèse nulle et cette zone varie selon que le test est unilatéral à gauche ou à droite ou encore le test est bilatéral.

d. Les étapes pour élaborer un test

Les étapes pour élaborer un test d'hypothèse sont :

- Enoncer les hypothèses : il s'agit de formuler l'hypothèse nulle et l'hypothèse alternative du test ;
- Spécifier la statistique du test : il s'agit de déterminer la loi statistique et la formule à utiliser pour calculer la valeur empirique ;
- Définir la région critique : il s'agit de déterminer la zone de rejet de l'hypothèse nulle ;
- Evaluer la statistique du test : il s'agit de calculer la valeur empirique ;
- Décider c'est-à-dire infirmer ou confirmer l'hypothèse : pour décider, il faut comparer la valeur empirique calculée à la deuxième étape et la valeur théorique donnée par la table ;
- Interpréter la décision prise.

e. Les différents tests d'hypothèse

On distingue :

1. Les tests paramétriques : ce sont de tests basés sur les caractéristiques de la population (moyenne, proportion, variance) parce qu'il y a une hypothèse de normalité,
2. Les tests non paramétriques : ce sont de tests qui ne sont pas basés sur les caractéristiques de la population parce que l'hypothèse de normalité est systématiquement violée.

   f. Test de deux moyennes (échantillons indépendants)

Ce test permet de comparer deux moyennes de deux populations indépendantes. Comme l'on ne sait interroger toute la population faute de temps et des moyens financiers, l'on va tirer un échantillon dans chacune de deux populations, ensuite l'on va calculer la moyenne dans chacun de deux échantillons et enfin, l'on va généraliser les résultats obtenus à partir de l'échantillon à la population.

- Si la taille de ces deux échantillons est supérieure à 30, l'on utilise la loi normale,
- Si la taille de l'un de ces échantillons est inférieure à 30, l'on interroge les variances de la population (δ^2) auquel cas sont associées deux situations :
  - Si les variances de la population sont connues (δ^2_1 et δ^2_2 connues), l'on utilise la loi normale,
  - Si les variances de la population sont inconnues (δ^2_1 et δ^2_2 inconnues), l'on utilise la loi de student.

1. Hypothèses

$$H_0 : m_1 = m_2 \leftrightarrow m_1 - m_2 = d$$

$$H_1 : m_1 \neq m_2 \leftrightarrow m_1 - m_2 \neq d$$

$$m_1 > m_2 \leftrightarrow m_1 - m_2 > d$$

$$m_1 < m_2 \leftrightarrow m_1 - m_2 < d$$

a. <u>La loi Z normale</u>

2. Statistique du test

$$Z_c = \frac{(\overline{X_1} - \overline{X_2}) - (m_1 - m_2)}{\sqrt{\dfrac{\delta^2_1}{n_1} + \dfrac{\delta^2_2}{n_2}}}$$

3. Région critique

Rejeter H_0 si $|Z_c| > Z_{\alpha/2}$ au cas où H_1 : $m_1 \neq m_2$

$Z_c > Z_\alpha$ au cas où H_1 : $m_1 > m_2$

$Z_c < - Z_\alpha$ au cas où H_1 : $m_1 < m_2$

b. <u>La loi T de Student</u>

2. Statistique du test

$$T_c = \frac{(\overline{X_1} - \overline{X_2}) - (m_1 - m_2)}{\sqrt{\dfrac{(n_1-1) S^2_1 + (n_2-1) S^2_2}{n_1 + n_2 -2} \left(\dfrac{1}{n_1} + \dfrac{1}{n_2}\right)}}$$

3. Région critique

Rejeter H_0 si $|T_c| > T_{\alpha/2, \, n_1 + n_2 - 2}$ au cas où H_1 : $m_1 \neq m_2$

$T_c > T_{\alpha, \, n_1 + n_2 - 2}$ au cas où H_1 : $m_1 > m_2$

$T_c < - T_{\alpha, \, n_1 + n_2 - 2}$ au cas où H_1 : $m_1 < m_2$

Degré de liberté

g. Application au cas des taux d'inflation mensuels moyens

L'on cherche à comparer le taux d'inflation mensuel moyen avant la TVA et le taux d'inflation mensuel moyen après la TVA. Il s'agit d'un test de deux moyennes dont la première population est celle composée des taux d'inflation mensuels avant la TVA et la deuxième population est composée des taux d'inflation mensuels après la TVA, les deux populations sont supposées indépendantes. L'on tire un échantillon de 24 mois dans la première population et de 18 mois dans la deuxième population et l'on a les résultats suivants :

AVANT LA TVA

Année	J	F	M	A	M	J	J	A	S	O	N	D
2010	3,22	0,99	-0,02	0,15	0.23	-0,08	0,08	0,21	0,79	0,96	1,96	0,13
2011	1,46	1,84	2,50	2,11	0,13	2,11	0,95	0,66	0,40	0,11	0,11	0,13

Source : Banque centrale du Congo

APRES LA TVA

Année	J	F	M	A	M	J	J	A	S	O	N	D
2012	4,25	0,11	0,25	0,16	0,13	0,1	0,1	0,18	0,1	0,04	0,13	0,12
2013	0,13	0,13	0,1	0,13	0,2	0,06	-	-	-	-	-	-

Source : Banque centrale du Congo

Comme la taille de deux échantillons n_1 et n_2 est inférieure à 30 et que les variances de la population δ^2_1 et δ^2_2 ne sont pas connues, l'on va utiliser le test de deux moyennes avec la loi de Student.

Données

Population 1

n_1= 24 mois

$\overline{X_1}$= 0,83%

S_1= 0,93 %

Population 2

n_2= 18 mois

X_2= 0,36 %

S_2= 0,97%

Avec un seuil de signification $\alpha=0,05$

1. Hypothèses

$H_0 : m_1=m_2$

$H_1 : m_1>m_2$

2. Statistique du test

$$Tc= \frac{(\overline{X_1}-\overline{X_2}) - (m_1 - m_2)}{\sqrt{\frac{(n_1-1) S^2_1 + (n_2-1) S^2_2}{n_1+n_2-2} \left(\frac{1}{n_1} + \frac{1}{n_2}\right)}}$$

3. Région critique

Rejeter H_0 si $Tc > T\alpha, n_1+n_2-2$

4. Evaluation

$$Tc= \frac{(0,83 - 0.36) - 0}{\sqrt{\frac{(24-1)(0,93)^2 + (18-1)(0.97)^2}{24+18-2} (1/24 +1/18)}}$$

$Tc=0,47/0.295$

$Tc=1,59$

5. Décision

La valeur de $T_{0.05, 40}$ dans la table de Student donne 1,68 :

En comparant 1,59 à 1,68, l'on remarque que 1,59 est plutôt inférieure à 1,68 et l'on va accepter l'hypothèse nulle car 1,59> 1,68.

6. Interprétation

Avec 5% de risque de se tromper, l'on peut affirmer que le taux d'inflation mensuel moyen avant l'instauration de la taxe sur la valeur ajoutée n'est pas significativement supérieur au taux d'inflation mensuel moyen après la taxe sur la valeur ajoutée. Ce qui revient à dire qu'avant la taxe sur la valeur ajoutée, les prix augmentent de la même façon qu'après la taxe sur la valeur ajoutée, ce qui fait que le pouvoir d'achat des ménages congolais s'amoindrit dans le même rythme qu'avant et les ménages congolais deviennent de plus en plus pauvres.

Contrairement à la première analyse qui révèle qu'avec l'instauration de la TVA, les prix augmentent moins rapidement ; force est de constater à partir de la technique de test d'hypothèses, qui du moins est plus rigoureuse que la première, qu'avec l'instauration de la taxe sur la valeur ajoutée, les prix de biens et services augmentent presque dans le même rythme qu'avant l'instauration de la taxe sur la valeur ajoutée et le pouvoir d'achat des ménages est mis à mal par cette flambée de prix qui ne reflète guère les vertus prônées lors de le lancement le 1er janvier 2012.

SECTION 2 : EFFET DE LA TVA SUR LES RECETTES

Les pays en développement en général et la République Démocratique du Congo en particulier font face à des sérieux besoins de financement vu qu'avec la crise financière, il y a eu une baisse sensible de l'aide publique pour le développement (APD en sigle). Pour financer les besoins de financement dont ils font face, il est nécessaire d'augmenter les recettes intérieures dont la plupart sont de recettes fiscales. C'est ainsi que diverses reformes publiques (réformes fiscales) sont en train d'être entreprises pour pallier durablement à ce problème et pour rendre les économies africaines beaucoup plus compétitives (réduction de droits de douane).

Un des moyens le plus efficace pour augmenter les recettes publiques est de remplacer les impôts ayant des effets en cascade, à l'instar de l'impôt sur le chiffre d'affaires, par les impôts uniques comme la taxe sur la valeur ajoutée. C'est pourquoi depuis les années 1990, beaucoup de pays en développement ont inséré la taxe sur la valeur ajoutée dans leur système fiscal.

La République Démocratique du Congo faisant face au même problème a tout de même continué, pendant cette période, à appliquer les impôts à effets cumulatifs dans son système fiscal. Cependant, la décennie 2000-2010 passée a brillé avec la faiblesse de recettes publiques par rapport aux dépenses, avec des dépenses publiques de 16,47% du PIB en moyenne, des recettes de 16,14% du PIB en moyenne et donc un solde budgétaire moyen de -0,33% du PIB dont il faut rechercher une source de financement. Durant la même décennie, les recettes fiscales ont représenté en moyenne 9,96 % du PIB dont la part majoritaire revient aux recettes tirées du commerce extérieur (douanes) comme l'indique le tableau ci-dessous :

Année	PIB en million de CDF	Recettes publiques courantes en million de CDF	Tx. Accr.	Taux de prélèvement public
2001	1 407 545,0	66 644,10		4,73
2002	1 922 300,0	147 833,50	121,83	7,69
2003	2 298 655,5	221 300,90	49,70	9,63
2004	2 601 000,0	306 024,90	38,28	11,77
2005	3 407 940,1	495 263,40	61,84	14,53
2006	4 066 601,3	669 167,40	35,11	16,46
2007	5 148 173,0	793 790,60	18,62	15,42
2008	6 525 982,7	1 271 678,00	60,20	19,49
2009	9 026 676,3	2 104 722,30	65,51	23,32
2010	11 949 307,6	2 293 882,00	8,99	19,20
2011	14 760 535,6	2 657 424,26	15,85	18,00
2012	17 312 625,2	3 612 729,97	35,95	20,87
		Moyenne	*47,1*	16

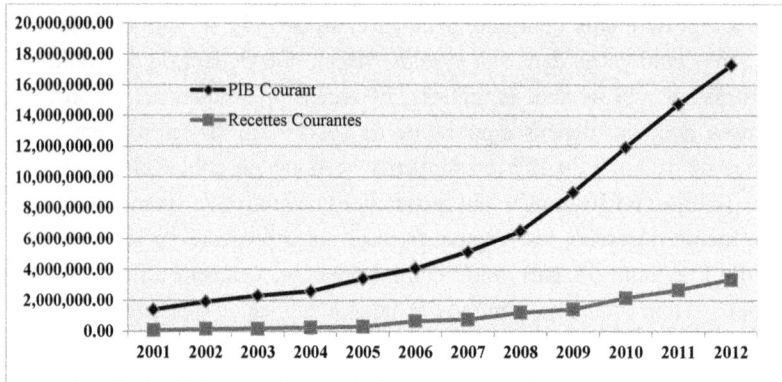

Source : assises nationales sur le coulage de recettes publiques, Mai 2013

Face à une telle situation, le pouvoir public est contraint d'augmenter les ressources publiques pour rompre avec le déficit chronique de son budget et de financer les programmes du développement. C'est dans cet impératif que la République Démocratique du Congo a accepté d'instaurer dans son système fiscal la TVA le 1er janvier 2012. Voilà pourquoi cette section se propose de savoir si la taxe sur la valeur ajoutée a contribué à l'augmentation des recettes publiques.

En effet, un des arguments en faveur de l'instauration de la taxe sur la valeur ajoutée en RDC est que cette dernière entraine une augmentation de recettes publiques grâce à sa capacité de drainer vers le secteur formel les activités du secteur informel et d'atténuer tant soit peu la fraude et l'évasion fiscales. Dix-huit mois après l'instauration de la taxe sur la valeur ajoutée, l'on signale que le montant de recettes publiques est de 3.612.874.138 CDF en 2012, soit un accroissement de 35% par rapport à l'année 2011 et les recettes du premier semestre 2013 se lève en millions de CDF à 1.888.900.000. Ces recettes sont apportées à 34,2% par la DGI et à 36,5% par la DGDA.

Par contre, Les recettes provenant de la taxe sur la valeur ajoutée se chiffrent en millions de CDF à près de 1.200.000.000 en 2012 et représentent près de 7% du PIB alors l'ICA représentait entre 1 et rarement 2% du PIB durant la période 2000 à 2010. De là, l'on comprend que la taxe sur la valeur ajoutée a fortement contribué à l'augmentation de recettes publiques durant l'année 2013 et le premier semestre 2013 et comme il en est ainsi, l'on peut donc affirmer que la TVA a permis au gouvernement de mobiliser plus de recettes afin de financer les programmes du développement et à atteindre ses objectifs.

CONCLUSION GENERALE

A la lumière des analyses précédentes, nous voici à la fin de ce travail portant sur les effets de la taxe sur la valeur ajoutée sur le patrimoine des ménages de la République Démocratique du Congo.

Mais, étant donné la complexité et la technicité qui accompagnent la compréhension de la taxe sur la valeur ajoutée (TVA) et compte tenu du fait que la taxe sur la valeur ajoutée n'est d'application que depuis le 1er janvier 2012, il ne nous a pas été facile de cerner les effets de la taxe sur la valeur ajoutée sur le patrimoine des ménages congolais. C'est ainsi que toutes les remarques allant dans le sens de l'amélioration dudit travail seront les bienvenues.

L'objectif poursuivi dans ce travail est celui de comprendre l'amenuisement du pouvoir d'achat causé par la Tva en vue de proposer les mesures idoines pouvant améliorer la situation des ménages congolais.

Ainsi, pour répondre à notre préoccupation, nous avons d'une part analysé l'évolution des prix de biens et services avant et après l'instauration de la taxe sur la valeur ajoutée en utilisant les taux d'inflation mensuels et d'autre part, nous avons analysé les effets de la TVA sur les recettes publiques en vue de comprendre l'effet de la TVA sur la situation économique en général. De là, force est de constater ce qui suit :

1) La taxe sur la valeur ajoutée instaurée le 1er janvier 2012 a entrainé une hausse de prix de biens et services soit un taux d'inflation mensuel moyen de 0,36% et un écart-type de 0,97%. Cela revient à dire qu'avant l'instauration de la taxe sur la valeur ajoutée, les prix augmentent dans le même rythme qu'après la taxe sur la valeur ajoutée. Ainsi, l'on peut conclure que le pouvoir d'achat des ménages congolais s'amenuise davantage mais cela au même rythme qu'avant et la population congolaise s'appauvrit ;

2) Avec l' l'instauration de la taxe sur la valeur ajoutée, les recettes publiques ont vu leur montant augmenter de 35% par rapport à l'année 2011 soit un montant en millions de CDF de 3.612.874.138 en 2012. La TVA, quant à elle, a apportée en millions de CDF près de 1.200.000.000 soit près de 33% de recettes en 2012. Tous ces

chiffres poussent à conclure que la TVA a augmenté les recettes publiques et est donc efficace pour l'Etat.

3) Comparant l'amenuisement du pouvoir d'achat des ménages congolais consécutifs à l'instauration de la taxe sur la valeur ajoutée et l'augmentation de recettes publiques, l'on peut conclure que la TVA a tout de même contribué à l'amélioration de la situation économique parce qu'elle a permis à l'Etat de disposer de plus de moyens pour financer les programmes du développement. Mais elle a aussi entrainé quelques conséquences perverses, lesquelles nous poussent à formuler les suggestions suivantes au Gouvernement:

➢ Contrôler rigoureusement les opérateurs économiques pour éviter des hausses intempestives de prix de biens et services qui pénalisent les ménages congolais ;

➢ Utiliser rationnellement les fonds procurés par la TVA pour qu'ils puissent profiter à tous les ménages congolais ;

➢ Il faut toujours sensibiliser les opérateurs économiques et la population avant l'introduction d'un quelconque impôt ;

➢ La DGI peut vendre un modèle de facture aux opérateurs économiques pour leur montrer comment appliquer la TVA et aussi pour faciliter le contrôle de recettes collectées.

➢ Etablir, si possible, plusieurs de taux de TVA pour éviter les effets régressifs qu'elle entraine et éviter les inégalités sociales qui appauvrissent les plus pauvres.

BIBLIOGRAPHIE

I. OUVRAGES

- Bakandeja Wa Mpungu, Les finances publiques, éd Afrique Larcie, Paris, 2006.
- Carlo Cottarelli, Mobilisation des recettes dans les pays endéveloppement, FMI, 2011.
- Fidafrica, Guide fiscal pratique en RDC, 2007.
- Patrick Manet, Taxe sur la valeur ajoutée, Paris,2007.

II. NOTES DE COURS ET MEMOIRES

- Beaujolais Bofoya, Cours de Statistiques pour économiste, G2 B Faseg, Kinshasa, 2011-2012.
- Document anonyme, Cours de droit fiscal, Unikin.
- Izu-Omwentum Mbil Agne, L'analyse et la prévision de la production textile au Zaïre (cas de l'Utexco), juillet 1976.
- Izu-Opong, L'incidence de la fiscalité sur l'autofinancement d'uneentreprise publique, cas de la SNEL, 2006.
- Jean-Bosco Nsuami, Notes de cours de Finances publiques, G3AFaseg, 2012-2013.
- Kankwanda Ebul Elang, Cours de Statistiques mathématiques, G2A Faseg,Kinshasa, 2011-2012.
- Mayombo Mondio, Mémoire DEA sur la taxe sur la valeur ajoutée, ISC-ULG, 2012.

III. ARTICLES ET AUTRES DOCUMENTS

- Armand Colin, Dictionnaire des sciences : Economie, Paris, 2001.
- Arrêté ministériel n° 037/CAB/MIN/FINANCES/2011 portant modification du seuil d'assujettissement à la TVA.
- Assises nationales sur le coulage de recettes publiques, Kinshasa, 2013.
- Bad, Ocde-Nepad, Note pays RDC, 2012.
- Banque Centrale du Congo, Rapport annuel 2011.
- Banque Centrale du Congo, Bulletin mensuel d'informations statistiques, Mai 2013.
- Banque Centrale du Congo, Bulletin mensuel d'informations statistiques, Octobre 2012.

- Ben Konso, Danny Shutsha et Germain Mbuyi, Quid de l'instauration de la TVA dans le système fiscal congolais ?, Janvier 2013.
- Code des Impôts en RDC, mis à jour au 30 septembre 2003.
- Exposé du Directeur général des Impôts à l'occasion de la Conférence organisée par le forum économique de l'UNIKIN,15 juillet 2011.
- Fédération des Entreprises du Congo, Note de conjoncture économique du 2ème trimestre 2013.
- Ibanda Kabaka Paulin, les causes de la hausse des prix consécutive à l'instauration de la TVA en Rdc, Novembre 2012.
- Jacques Bichot, Juste ou injuste, la TVA ?, gestion de finances publiques, Avril 2012.
- Jean-François Gautier, Taxation optimale et reformes fiscales dans les Ped, Février 2001.
- Jean Meckaert, mobiliser et valoriser les ressources internes pour financer le développement, Oxfam France, 2008.
- Ordonnance-loi n°10/001 du 20 aout 2010 portant institution de la TVA.
- Yav&Associates, Théorie et pratique de la TVA en RD Congo, 2011.

IV. SITES INTERNET
- www.dgi.gouv.cd
- www.wikipedia.org
- www.memoireonline.com
- www.google.fr
- www.congoforum.be
- www.bcc.cd

TABLE DES MATIERES

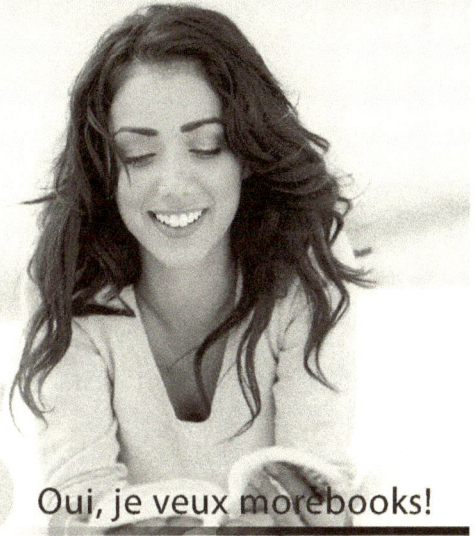

www.ingramcontent.com/pod-product-compliance
Lightning Source LLC
Chambersburg PA
CBHW021607210326
41599CB00010B/637